山陽花（ばな）の寺二十四か寺

シンボルフラワー／沙羅

山陽花の寺二十四か寺は、山陽路を巡るピースロード（平和の道）

「八葉の蓮華」にならい、各県に8つの札所

広島・山口・岡山の中国3県は、風光明媚な瀬戸の海と中国山地に育まれた自然のもと、古来、東アジアとの交流の回廊として、また、幾多の歴史上の舞台として独自の文化を築き、引き継いできました。こうした豊かな自然と重厚な文化をもつこの地において、美しい花卉草木を有する24か寺が、宗旨宗派を超えて集まり、「山陽花の寺霊場会」を開創（2010年4月8日）いたしました。

山陽花の寺二十四か寺は、広島・山口・岡山3県の24か寺の札所を巡る花巡礼です。お寺には、巡る道順（札所）があります。仏の菩提心が「八葉の蓮華」に例えられることにならい、各県に8つの札所を設けています。

平和都市ヒロシマで、円の始終を結ぶ霊場

第一番札所は、世界遺産、海の中の大鳥居で有名な宮島の地にある大聖院、そこから西

へと時計回りに進んで山口県の寺院（第二番から第九番）を巡り、中国自動車道を東に向かい岡山県の寺院（第十番から第十七番）に入り、瀬戸内海沿いを広島県（第十八番から第二十四番）にもどる円環の巡礼地です。結び第二十四番札所は、世界平和祈念にふさわしい世界遺産、原爆ドームのある広島市は観音寺へと道は連なっております。

当霊場会はこの道を、ピースロード（平和の道）と称し、お寺とお寺を結ぶ海沿いの道、山あいの道を境内に向かえば、春には芳花の装いあり、秋には錦繍の彩りあり、すべてあるべきように美しく、参詣の方々の思いをひとしお、安らけくお誘いいたします。国内はもとより、海外から国家、宗教の垣根を超えて、花を愛し平和を求めて旅ゆく方々に、歩み、かつ立ちとどまっていただく道、道々にあふれる恵みを讃え、平和を祈る道であります。

私たちは、四季の移ろいに合わせて美しく咲き誇る花々を愛でていただき、その美しさや、生命の力強さ、そして、限りある生命の尊さを通して、皆さまとお寺とのご縁を紡ぎ、皆さまの間の絆を強めるとともに我が国のみならず、世界の人々に対し、心に安らぎをもたらし、平和への思いを伝えていきたいと考えております。

２０１０年９月

山陽花の寺霊場会　会長

木村　文隆

（第二十四番札所　観音寺）

花巡礼、3つの国

癒の国（広島県）、芳の国（山口県）、美の国（岡山県）

芳しき香りにいざなわれ、人は花のありかを訪ねる旅へと出ます。

これは、みほとけが与えてくださったひとつの機縁です。香りに導かれて道をたどり、ついには花を見いだし、その美しさに眼を開かれるのは、まさに「求道」における「開眼」です。見いだした花から心の癒やしを得ること、花をはぐくむことは「菩提」や「安心」といえるでしょう。

山陽花の寺では、広島県を「癒の国」、山口県を「芳の国」、岡山県を「美の国」と名付け、花巡礼の指標のひとつにしていただいています。

とはいえ、札所番号の順にまわる必要はありません。花の季節に合わせ、身近なお寺からご自由にご参拝ください。

御朱印帳を片手に、お気軽に花巡礼をお楽しみください。

シンボルフラワー【沙羅】

開創花法要で植樹されたシンボルフラワー沙羅
（2010年4月4日。第二十番 千光寺）

山陽花の寺の象徴花として、
「沙羅(さら)の花」を定め、
24か寺境内に植樹をします。
沙羅は、平家物語冒頭の
「沙羅双樹の花の色…」で知られ、
仏教三聖木（沙羅・無憂樹(むゆうじゅ)・菩提樹(ぼだいじゅ)）を
代表する落葉高木です。

山陽花の寺もくじ

第十一番 玉泉寺（オオヤマレンゲ）

本書に掲載したデータ（花の開花時期、料金、交通など）は、2010年9月現在のものです。

第十八番 明王院（サツキ）

第六番 地蔵院（シャクナゲ）

山陽花巡礼の旅
エリアMAP

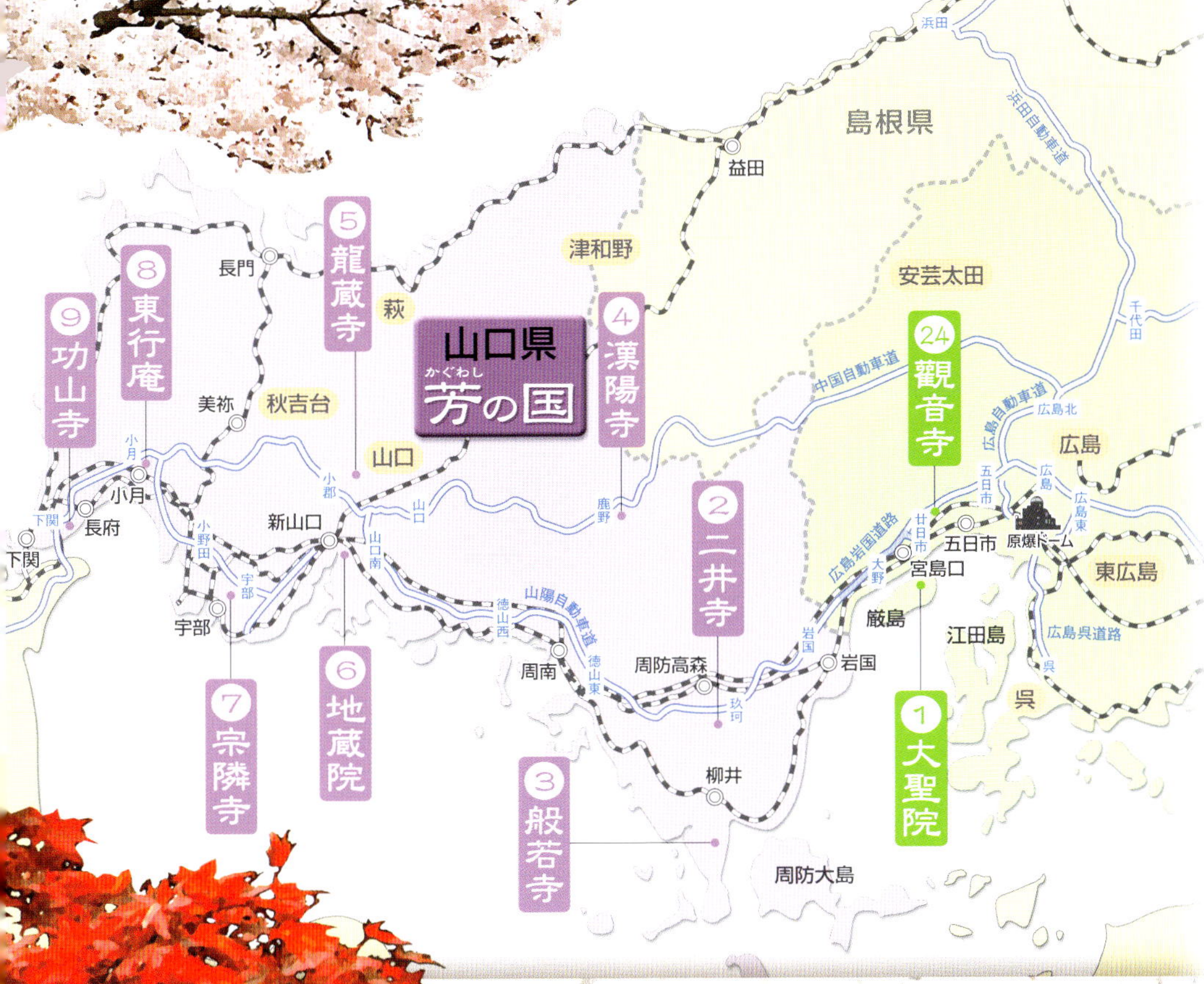
山口県
かぐわし
芳の国
1 大聖院
2 二井寺
3 般若寺
4 漢陽寺
5 龍蔵寺
6 地蔵院
7 宗隣寺
8 東行庵
9 功山寺
24 観音寺
島根県
浜田
益田
津和野
安芸太田
萩
長門
美祢
秋吉台
山口
新山口
小月
長府
下関
宇部
周南
周防高森
岩国
柳井
周防大島
厳島
宮島口
五日市
原爆ドーム
広島
東広島
江田島
呉
中国自動車道
山陽自動車道
広島岩国道路
広島自動車道
浜田自動車道
広島呉道路
千代田
広島北
広島東
小郡
鹿野
徳山西
徳山東
玖珂
大野
廿日市
小野田

6月	7月	8月	9月	10月	11月	12月
アジサイ	ホテイアオイ	キョウチクトウ・サルスベリ		キンモクセイ	モミジ(紅葉)・千両	サザンカ
	沙羅 / アジサイ				山モミジ(紅葉)	
アジサイ		大賀ハス			モミジ	
				モミジ(紅葉)		ツバキ
					モミジ・大イチョウ	
アジサイ		サルスベリ			モミジ	
サツキ		スイレン			モミジ(紅葉)	
					モミジ / サザンカ	
					モミジ	
	アジサイ / スイレン				モミジ・イチョウ	
オオヤマレンゲ / ヤマボウシ	アジサイ	レンゲショウマ		モミジ・十月ザクラ		
					モミジ・イチョウ(大銀杏)	
アジサイ・沙羅		仙翁花(センノウゲ) / ハス		モミジ		南天
アジサイ					モミジ / 冬ボタン	
					モミジ	
アジサイ	ハス		スイレン			
サツキ・モミジ(新緑)・アジサイ / コケ		スイレン			モミジ(紅葉)	
アジサイ						
アジサイ						
沙羅				キク		
				モミジ(紅葉)		
アジサイ	ハス				モミジ / サザンカ	
デルフィニウム	カキツバタ		グラジオラス			
アジサイ / 沙羅	キキョウ / ムクゲ	スイフヨウ	セイヨウフヨウ / ハギ		ドウダンツツジ(紅葉) / モミジ・ツワブキ	サザンカ

県	札所	1月	2月	3月	4月	5月
広島県	第1番 大聖院	ツバキ		アセビ	サクラ・モミジ(新緑)、シャクナゲ	サツキ、ツツジ・フジ
山口県	第2番 二井寺			山ツバキ	山ツツジ、シャクナゲ、サクラ	ドウダンツツジ、山モミジ(新緑)
山口県	第3番 般若寺	ツバキ		しだれ桜	ツツジ、サクラ	
山口県	第4番 漢陽寺	ツバキ			モミジ(新緑)・ツツジ	サツキ
山口県	第5番 龍蔵寺	寒ボタン			ボタン	
山口県	第6番 地蔵院		ウメ	花モモ	サクラ、シャクナゲ、ボタン、ツツジ	
山口県	第7番 宗隣寺	ロウバイ	ウメ・ツバキ		サクラ、ツツジ、モミジ(新緑)	
山口県	第8番 東行庵	サザンカ	ウメ	ツバキ	ミツバツツジ	ハナショウブ
山口県	第9番 功山寺				サクラ、シャクナゲ	ツツジ
岡山県	第10番 木山寺				サクラ	
岡山県	第11番 玉泉寺				シャクナゲ、サクラ	エビネ、山シャクヤク、ボタン
岡山県	第12番 誕生寺				シャクナゲ	サツキ
岡山県	第13番 大聖寺	南天	ツバキ	カタクリ	サクラ	チューリップの木
岡山県	第14番 西法院	南天			ボタン	ツツジ・サツキ
岡山県	第15番 遍明院				シャクナゲ、サクラ	シイ・クスの花
岡山県	第16番 餘慶寺				サクラ、ヤマブキ	ミツバツツジ
岡山県	第17番 円通寺				サクラ	ツツジ・カキツバタ
広島県	第18番 明王院		ツバキ		サクラ・モクレン(白)	サツキ
広島県	第19番 西國寺				サクラ	
広島県	第20番 千光寺		ツバキ		サクラ、ツツジ	フジ
広島県	第21番 佛通寺				サクラ	モミジ(新緑)
広島県	第22番 棲眞寺		サザンカ	ツバキ、サンシュユの木	サクラ、カイドウ、アセビ、モモ	サツキ
広島県	第23番 福寿院					ユリ・シャクヤク
広島県	第24番 観音寺		ツバキ、ウメ		サクラ、ミツバツツジ、ドウダンツツジ	サツキ、シャクナゲ、ヤマアジサイ

第一番

大聖院（だいしょういん）

広島県廿日市市宮島町

【モミジ】
弘法大師空海をまつる大師堂を紅葉が彩る

【アセビ】
早春の宮島で目を引くのは
アセビの花

【サツキ】石仏を荘厳するように咲くサツキ

【サクラ】サクラの季節なら大聖院から大元公園まで足を延ばそう

【モミジ新緑】観音堂にモミジの新緑が映える

【千両】冬の境内の紅一点

日本三景・世界文化遺産の宮島で花と紅葉を愛でる

国内有数の紅葉の名所

安芸の宮島は神をいつきまつる島であることから、厳島（いつくしま）とも呼ばれるが、その風情には「慈島」の文字こそふさわしい優美なやさしさが漂っている。まつられているのが宗像三女神であるから、そのような印象をいだくのであろうか。

大聖院は京都の仁和寺を総本山とする真言宗御室派（おむろは）の大本山で、明治の神仏分離までは厳島神社の別当寺として祭祀を司ってきた大寺。厳島神社裏手から大聖院へと向かう滝小路（たきのこうじ）は、上卿（しょうけい）屋敷などの社家が並ぶ宮島で最も古い町並みで、もみじ饅頭の老舗や洒落たカフェもあって趣深い。

仁王門からゆるやかな石段を登り御成門をくぐると、右手に大きな観音堂、正面には鳥羽天皇勅願道場で波切不動をまつる勅願堂があり、見上げれば弥山三鬼大（みせんさんきだい）権現（ごんげん）の本坊御祈願所である摩尼殿の偉容が望まれる。奥へと続く境内には、大師堂、遍照窟、八角万福堂などの諸堂が立ち並び見どころはつきない。

宮島といえば国内有数の紅葉の名所。モミジはこの島のみならず広島のシンボルになっており、もみじ饅頭から元祖ゆるキャラの「ブンカッキー」の頭まで、いたるところにモミジのモチーフが見いだされる。大聖院もまたモミジの美しさで知られ、寺と紅葉谷（もみじだに）公園を結ぶ散策道は「もみじ歩道」と名づけられている。

弥山山頂からは瀬戸内の多島美が堪能できる

秋の紅葉にくらべあまり知られていないのが、早春を彩るアセビの花だ。アセビは旧宮島町の町花でもあり、島内のそこかしこで目にする。宮島にアセビが多く見られるのは、鹿に食べられることがないからだ。アセビは漢字で「馬酔木」と書くが、葉や花に毒があり、動物が食べると痙攣をおこしてふらふらになり、時には死んでしまうこともある。観光客の持つ紙袋や地図まで食べてしまう宮島の鹿も、アセビには手も足も口も出ないというわけだ。

大聖院のアセビは境内のいたるところで見られ、仁王門から左手に入った五百羅漢庭園では、ずらりと並ぶ石仏を荘厳するように白い花房を垂れる姿が愛らしい。

弥山山頂周辺に及ぶ広大な寺域

大聖院の寺域は広大で、標高５３５ｍの弥山山頂周辺にも諸堂が甍を並べている。大同元年（８０６）、唐から帰朝した空海はこの地で求聞持（ぐもんじ）の修行を行なったと伝えられている。霊火堂の「消えずの火」は、空海以来１２００年以上も消えることなく燃えつづけており、広島平和公園の「平和の灯(ともしび)」の元火にもなっている。

　弥山七不思議の「干満岩」や「龍灯の杉」は遍路(へんろ)の原型とされる辺地(へじ)の聖地のしるしであり、四国八十八か所の札所にも似たようないわれが残っている。また、厳島神社は佐伯鞍職(くらもと)の創建と伝えられ、佐伯氏の出である空海とのゆかりの深さがうかがえる。

　弥山の花といえば、七不思議にも数えられる「錫杖の梅」だ。弥山本堂横にあるウメの古木は、弘法大師が立てかけた錫杖が根づき八重紅梅になったという伝承があり、今もけなげに可憐な花をつける。

　奇岩の並ぶ山頂まで登れば、360度の大パノラマ。展望台前のサクラの木はまだそれほど大きくはないが、瀬戸内の多島美を背景に咲く花は弥山登拝の疲れを癒すに充分な麗しさである。

多喜山水精寺 大聖院

広島県廿日市市宮島町210　☎0829-44-0111

- **宗派**　真言宗御室派大本山
- **御本尊**　波切不動明王
- **拝観**　8:00～17:00　無料
- **御朱印受付**　8:00～17:00
- **HP**　http://www.galilei.ne.jp/daisyoin/
- **交通**
  電車／JR山陽本線宮島口駅または広島電鉄広電宮島口駅下車、宮島口からフェリーに乗り換え10分で宮島桟橋着、桟橋から徒歩約30分
  車／広島岩国道廿日市ICまたは大野ICから国道2号経由約10分で宮島口駐車場。島内は交通規制があるので車は置いて渡ることをすすめる
  駐車場／宮島口駐車場1000円
- **参拝お役立ち情報**
  宮島口～宮島桟橋は約15分間隔でJR連絡船と松大汽船が運航しており、共に片道170円。広電の電車とフェリーや島内のロープウエーを組み合わせたフリーパスなどもある。
- **花ごよみ**
  ツバキ1月上旬～下旬、アセビ2月下旬～3月中旬、サクラ・モミジ新緑4月上旬～中旬、シャクナゲ4月上旬～下旬、サツキ5月上旬～中旬、ツツジ・フジ5月上旬～下旬、アジサイ6月上旬～下旬、ホテイアオイ7月上旬～下旬、キョウチクトウ・サルスベリ8月上旬～下旬、キンモクセイ10月上旬～下旬、モミジ紅葉・千両11月上旬～下旬、サザンカ12月上旬～下旬
- **主な年中行事**
  新年初祈祷祭　1月1～15日／節分会　2月3日／春季大祭　4月15日／四万八千日観音大祭　8月10日／万灯会　9月第2金土日／秋季大祭　11月15日
- **周辺の見所**　厳島神社、大願寺、千畳閣、弥山、宮島の町並み
- **周辺の温泉**　宮浜温泉、宮島潮湯
- **周辺の宿泊施設**
  島内に約20軒（宮島旅館組合　☎0829-40-2929）

厳島神社大鳥居

火渡り神事（春季大祭）

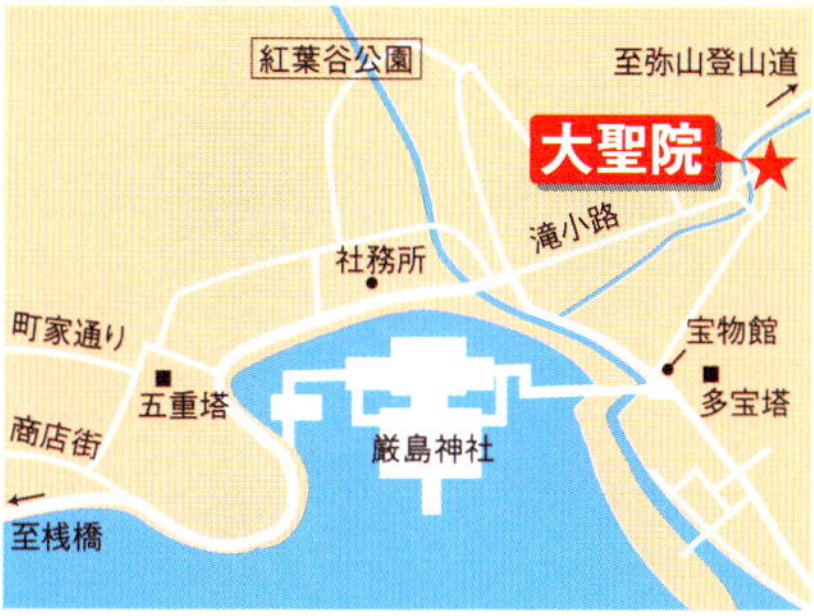

第二番

二井寺（にいでら）

山口県岩国市

【ツツジ】
春の二井寺はツツジのほか
レンギョウ、ボケなどに彩られ華やか

【モミジとサザンカ】
自生のモミジとサザンカに彩られた境内

【シャクナゲ】
ピンクや薄紅色の花が濃い緑の葉に映える

【山ツツジ】
本堂を彩る薄紫色のミツバツツジ

【ドウダンツツジ】
春に小さな白い花をつけるドウダンツツジ

ミツバツツジ咲く山寺は春ののどかさにつつまれて

『今昔物語集』記載の観音霊場

『今昔物語集』にもその霊験の記された由緒ある山寺である。

周防国玖珂（くが）郡の判官代の役人が待ち伏せした敵に切り刻まれるが、気がつくと無事に家にたどり着いていた。判官代は夢で高貴な僧のお告げを聞き、翌朝、三井の観音に詣でると、観音像が自分の身代わりのようにばらばらになっていたという。「三井」は「二井」の誤記であると考えられ、二井寺が古くから観音の霊験あらたかな地であったことがうかがえる。

ちなみに、二井寺の「二井」は、閼伽井、桜井という2つの名水に由来する。

寺伝によれば、二井寺の創建は天平16年（744）にさかのぼる。玖珂の大領秦皆足朝臣が霊夢を感じて二井寺山に登り、神人に十一面観音像を授けられたことに始まるという。聖武天皇の勅願寺となり24坊を有するまでになったが、火災などで衰微し、後白河法皇が18坊を再建。大内氏滅亡によって衰え、江戸前期に大坊極楽寺、槙本坊、中谷坊、修善坊、尾崎坊の5坊を再興、明治に入ると脇坊は他へ移転し大坊極楽寺を残すのみとなった。

二井寺はまた、1番札所の大聖院ともゆかりが深い。玖珂荘は厳島の神宮寺である弥山水精寺（大聖院）の荘園であった。

本堂へと続く石段

護摩堂から山道を歩き本堂へ

「二井寺山極楽寺参道入口」と刻まれた石道標を目印に県道136号からそれると、道沿いのところどころで石仏や小堂を目にするようになる。ここはもう二井寺の参詣道の趣だ。幟旗や案内板には「二井寺」と書かれたもの、「極楽寺」と記されたものとさまざまだが、地元では山号の二井寺のほうが通りがよいようだ。

道ばたにはサクラやアジサイなどの花木も多く、花に導かれるように進むとやがて駐車場にたどりつく。短い坂道を上れば、御朱印受付の護摩堂があり、その横には花の庭が広がっている。サクラ、サツキ、シャクナゲ、ツバキ、ボケ、サラなどさまざまな花が植栽されており、カエデやドウダンツツジなど紅葉の美しい木々も枝を広げている。

本堂へは護摩堂からさらに10～20分ほど上るが、4月になると山道は薄紫色のコバノミツバツツジに彩られる。本堂下の石段まで来れば天狗の顔の石像があり、鼻をなでると願いがかなうとか。ここからは中山川ダムの湖面が遠望でき、気持ちのよい眺めについ坐りこんでしまう。

眺望を堪能したら、周防観音霊場の札

二井寺山 極楽寺

所寺院名が刻まれた石柱の立つ石段を上る。二井寺は周防国三十三観音霊場の第1番札所でもあり、この石段は写しのミニ観音霊場の役割も果たしているようだ。

石段を上りつめると、正面に二重屋根の本堂が姿をあらわす。万治3年（1660）築造の岩国横山梅ヶ枝薬師堂を明治6年（1873）にこの地に移築再建したものとされ、古色を帯びた風格あるたたずまいである。堂内には本尊の十一面観音のほか、厨子に安置された不動明王立像がまつられており、本堂・厨子・不動明王像いずれも山口県指定文化財となっている。

周辺ではコバノミツバツツジのほか、レンギョウ、ボケ、サツキなどが花を咲かせ、春ののどかさは格別。お手軽ハイキングや弁当の似合う親しみやすい山寺である。

山口県岩国市周東町用田866　☎0827-84-3162

- **宗派**　真言宗御室派
- **御本尊**　十一面観世音菩薩
- **拝観**　境内自由
- **御朱印受付**　9:00～17:00
- **HP**　なし
- **交通**
  電車／JR岩徳線周防高森駅からタクシーで約15分、徒歩約60分
  車／山陽道玖珂ICから県道70号・115号・136号経由、約10分
  駐車場／30台　無料
- **参拝お役立ち情報**
  県道136号から寺標を目印に南の道に入る。カーナビに従うと極楽寺墓地に案内されることがあるので注意。毎月18日の観音縁日には二井寺そばのお接待あり。
- **花ごよみ**
  山ツバキ3月上旬～下旬、サクラ3月下旬～4月上旬、シャクナゲ4月中旬～5月中旬、山ツツジ4月下旬～5月上旬、ドウダンツツジ4月下旬～5月下旬、山モミジ新緑5月上旬～下旬、沙羅6月下旬～7月中旬、アジサイ6月下旬～7月下旬、山モミジ紅葉11月上旬～下旬
- **主な年中行事**
  観音縁日　毎月18日／初観音大祭　2月11日／夏観音大祭　8月末／天狗の火祭り　11月23日
- **周辺の見所**　岩国錦帯橋
- **周辺の温泉**　呼鶴温泉
- **周辺の宿泊施設**　バーデンハウス三丘（☎0833-91-1800）

中山川ダムを遠望

本堂

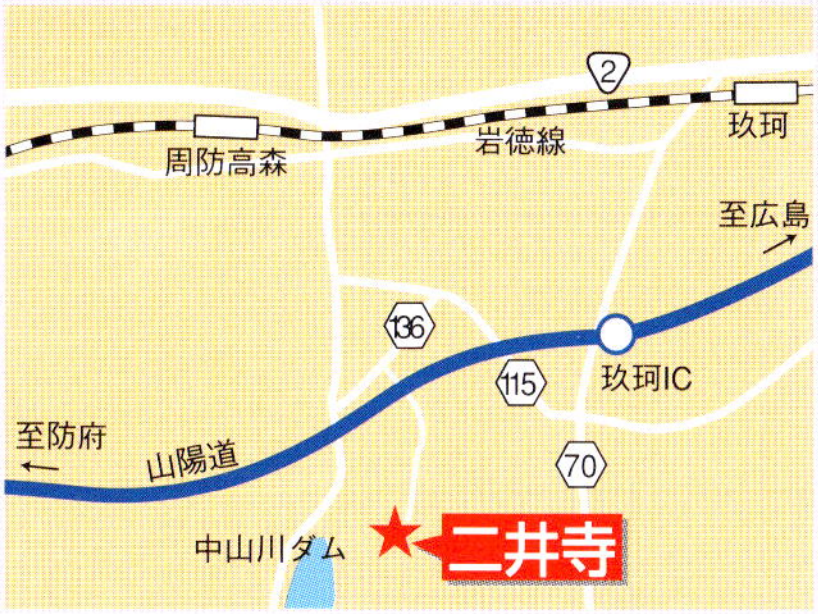

第三番

般若寺

はんにゃじ

山口県平生町

【枝垂桜】寺務所の近くにある枝垂桜は優美で枝ぶりもよい

【枝垂桜】
本堂までの入り口、極楽橋の横で参拝者を出迎える枝垂桜

【モミジ】本堂周辺を彩る

【大賀ハス】古代よりよみがえった大賀ハス

【ツツジ】ミニ四国霊場の石仏が並ぶ道沿いも花の季節は華やか

【サクラ】サクラの花越しに瀬戸内海を望む

般若姫をなぐさめるように咲く艶やかな枝垂桜

般若姫の菩提を弔うために創建

この寺には用明天皇（聖徳太子の父君）に愛された般若姫の伝説がある。般若姫は豊後国（大分県）の満野（まのの）長者の一人娘で、その美しさは遠く奈良の都にまで噂が伝わっていた。用明天皇は皇太子の時代に身分を隠して豊後を訪れ、長者の館の牛飼いに身を変え、やがて姫と愛し合うようになる。ところが、都で起こった戦により、皇子は天皇の命で呼び戻されてしまう。般若姫は120隻の船団を従えて皇子を追って都へ向かうが、大畠の瀬戸（山口県）で大嵐に遭遇し多くの従者を失うこととなる。姫は海上の事故がこれ以上起こらないよう願い、龍神を鎮めるために海に身を投げ、西方の峰を指して亡骸を彼の地に葬るよう言い残し、息を引き取った。それが神峰山であり、般若寺は姫の菩提を弔うため、満野長者が聖徳太子の師である恵慈を開山に創建されたと伝えられている。

白壁の町並みで知られる柳井の近くから、半島の尾根を縦断する室津半島スカイラインを南下する。田園風景の続く集落をぬけると民家は途絶え、やがてひとつめのピークに達すると、そこは般若寺の浄域となる。道路の上には赤い欄干に擬宝珠のついた陸橋が架かり、北側には観音堂や御朱印受付のある寺務所、南側には本堂や本坊が立ち並んでいる。

般若寺の花でとりわけ艶やかなのが枝垂桜だ。寺務所側の陸橋のたもとにある枝垂桜は、赤い欄干に薄紅色の花が映え、枝ぶりも見事なものだ。そばには少し遅れて咲く花色の濃い小さな紅枝垂もあり、道路に惜しみなく花枝を垂れてドライバーの目を楽しませている。陸橋を渡った高台にも、染井吉野にまじって背の低い枝垂桜が植えられている。

三光の窓。毎年大晦日、瀬戸より姫の神霊が龍燈となって飛来し、この窓より堂内に入ると伝えられる

龍燈

般若姫の念持仏とされる聖観世音菩薩をまつる観音堂は、側面に三日月形・小円・大円の3つの穴が開いており、それぞれ月・星・太陽を表している。「三光之窓」と呼ばれ、旧暦の大晦日の丑寅の刻に海上から「龍燈」とよばれる火の玉が登り、この窓を通り抜けるという。現在は「龍燈」と名付けられた常燈明が堂内で守られている。周辺には満野長者の墓所もあり、春にはサクラやツツジの花で彩られる。

ミニ四国霊場の石仏が並ぶ

陸橋の南側に渡り、「用明天皇勅願」の

木札のかかった本堂に参拝。堂の左手にはハクモクレン、右手にはモミジ、周辺にはツツジも多い。四国八十八か所の写し霊場も設けてあり、石仏が並ぶ道をたどれば海の見える展望台に至り、山内を一周できる。ここ般若寺もまた、古き辺地の聖地を思わせる。辺地の聖地のしるしのひとつである「龍燈の松」があり、「龍神池」は瀬戸の干満に合わせて水面が上下するという伝承を有する。

また、海の見える山上で火を焚くことも辺地信仰の要素のひとつと考えられているが、般若寺でも火祭りが大きな行事となっていることは興味深い。往古は山上の火が航海の目印ともなり海の民の信仰を集めたというが、これからの般若寺は花の美しさで多くの人々を招くことだろう。

神峰山用明院 般若寺

山口県熊毛郡平生町宇佐木1166　☎0820-56-3636

- **宗派**　真言宗御室派
- **御本尊**　大日如来
- **拝観**　境内自由
- **御朱印受付**　8:00～17:00
- **HP**　なし
- **交通**
  電車／JR山陽本線柳井駅からタクシーで約15分
  車／山陽道玖珂ICから県道70号・7号・国道188号経由、約30分。山陽道熊毛ICから約30分
  駐車場／120台　無料
- **参拝お役立ち情報**
  寺のすぐ手前に広い駐車場があるが、御朱印受付のある寺務所前にも駐車スペースあり。近くに白壁の町並みで知られる柳井があるので、余裕があれば観光を。
- **花ごよみ**
  ツバキ1月上旬～下旬、サクラ3月中旬～4月中旬、枝垂桜3月下旬、ツツジ4月中旬、アジサイ6月上旬～下旬、大賀ハス7月下旬～8月下旬、モミジ紅葉11月上旬～下旬
- **主な年中行事**
  護摩修行　毎月7日・24日／火祭り　2月15日
- **周辺の見所**　柳井白壁の町並み、大畠の瀬戸
- **周辺の温泉**　三丘温泉
- **周辺の宿泊施設**
  柳井駅周辺に柳井クルーズホテル（☎0820-23-6000）など

本堂

龍神池。大畠瀬戸を往来する金龍神が住む池

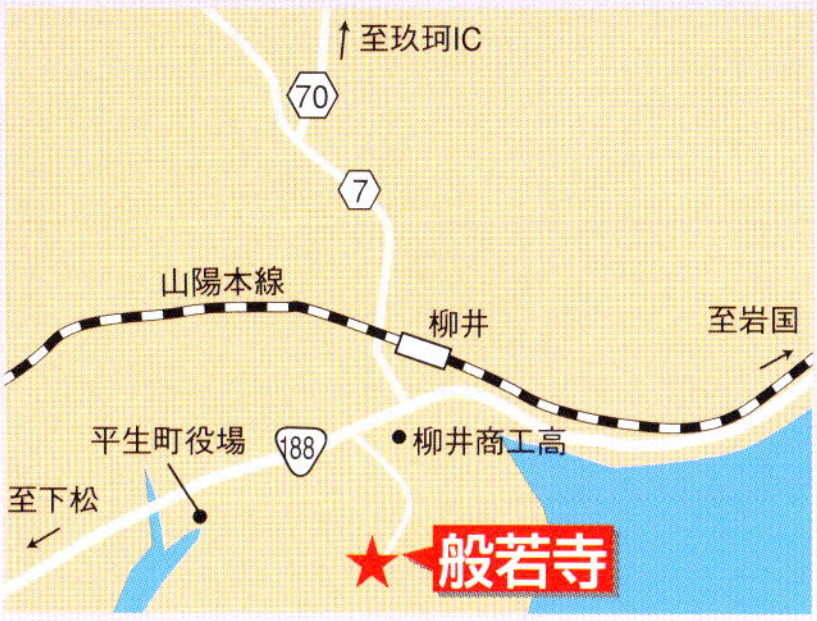

第四番

漢陽寺

かんようじ

山口県周南市

【モミジ新緑】
禅寺らしい凛としたたたずまいの庭園には、
苔や緑の濃い季節が似合う

【ツツジ】
聖観音菩薩をまつる
法堂を背景に

【シャクナゲ】
本堂裏の潮音堂出水口周辺にはシャクナゲが咲く

【サツキ】
斬新なデザインの「瀟湘八景庭」

【モミジ】
「九山八海の庭」の水面に映える

【見事な庭園】
本堂前庭の「曲水庭」にも
潮音堂からの水が流れる

禅味あふれる日本庭園に潮音洞の名水が流れる

重森三玲作の日本庭園

漢陽寺は秋の紅葉の美しさで知られるが、禅寺らしい凛としたたたずまいの庭園は、どの季節に訪れても味わい深い。昭和の作庭家・重森三玲が晩年に手がけた庭には、各時代のさまざまな様式が取り入れられており、日本庭園の奥深さを目の当たりにすることができる。日本庭園史の研究家としても知られる重森ならではの設計だ。

本堂前庭の「曲水庭」は、平安期から鎌倉期に流行した曲水様式の庭を再現したもの。京都の城南宮などで年中行事として行われている曲水の宴では、平安貴族の装束に身を包んだ歌人たちが遣り水のかたわらに坐し、曲水に盃を浮かべ歌を詠む優雅な姿が見られるが、漢陽寺の曲水庭は禅味にあふれ、背筋が伸びるような涼やかな空気がただよっている。

漢陽寺のある鹿野は「平成の名水百選」に選ばれた清流の町である。その名水の源は漢陽寺裏山を貫く潮音洞で、錦川の支流・渋川から引かれた水は境内から町へと流れ、一帯をうるおしている。本堂裏の潮音洞出水口左手にはシャクナゲが群生し、つぼみの時期から濃い赤色が目立ち華やかだ。出水口右手には鎌倉時代様式の「蓬莱山池庭」や「九山八海の庭」が続き、潮音洞の水を引いて池が造られている。苔地の築山にサツキの花がいいアクセントになっている。水は本堂前庭にも流れ、曲水庭にも利用されている。

漢陽寺境内の潮音堂出水口

潮音洞は、水不足に悩む鹿野台地のため、岩崎想左衛門重友が私財を投げうって掘り抜いた約90mの水路トンネルだ。手掘りの作業は難航をきわめ、慶安4年（1651）の着工から4年の歳月をかけ承応3年（1654）に完成した。これによって渋川の水が鹿野台地に流れるようになり、その後延長された用水路の周辺には集落が形成され、原野は田畑へと変わっていった。潮音洞はまさに鹿野の町の命の源であった。ちなみに、「潮音洞」という名称は、漢陽寺の住職が観音経の「梵音海潮音、勝彼世間音」から採ったといわれている。

用堂明機禅師を開山に仰ぐ

この寺は応安7年（1374）、大内氏が用堂明機禅師を開山に招き開創されたと伝わる。綸旨をたまわり十刹に任じられた由緒ある寺院で、臨済宗南禅寺派の別格地として高い寺格を誇るが、親しみやすい雰囲気は山陽花の寺に共通するもの。

漢陽寺の紅葉は境内に入る前から楽しめる。寺の入口右手の道沿いの紅葉は、石垣の上の白塀に映えて色あざやか。境内の紅葉の見所は「鹿苑山」の扁額がかかる法堂への石畳沿いだろう。法堂内には聖観世音菩薩がまつられ、脇侍に不動明王、毘沙門天が安置されている。観音を中尊に不動・毘沙門を脇侍とする三尊構成は天台宗寺院などによく見られる様式だ。

法堂左手には小さなハクウンボク（白雲木）もある。ハクウンボクは日本には自生しないインドのサラノキの代用として、ナツツバキとともに寺院によく植えられている花である。エゴノキによく似ており、晩春に小さな白い花をつける。

鐘楼周辺にはヒラドツツジやツバキの生け垣があり、花の季節には華やかだ。砂、石、苔をメインに構成された禅庭が主役の漢陽寺にあって、好対照となっている。

鹿苑山 漢陽寺

山口県周南市鹿野上2872　☎0834-68-2010

- **宗派**　臨済宗南禅寺派別格地
- **御本尊**　釈迦無二仏・聖観世音菩薩
- **拝観**　8:00〜17:00　300円
- **御朱印受付**　8:00〜17:00
- **HP**　なし
- **交通**

電車／JR山陽本線徳山駅からタクシーで約40分、またはバスで約60分鹿野下車、徒歩約15分
車／中国道鹿野ICからすぐ
駐車場／20台　無料

- **参拝お役立ち情報**

日本庭園が見所なので、花の少ない夏に訪れても、潮音洞の水音が涼しげで趣深い。

- **花ごよみ**

ツツジ4月下旬、モミジ新緑4月下旬、サツキ5月中旬、モミジ紅葉10月下旬、ツバキ12月上旬〜1月下旬

- **主な年中行事**

開山忌法要　10月27〜28日

- **周辺の見所**

潮音洞とともに平成の名水100選に選ばれた「清流通り」

- **周辺の温泉**　石船温泉
- **周辺の宿泊施設**

石船温泉憩の家（☎0834-68-2542）

山門

庭園

第五番

龍蔵寺

りゅうぞうじ

山口県山口市

【ボタン】
牡丹園のみならず、参道脇や境内のそこかしこに鉢植えのボタンが並ぶ

【イチョウ】
観音堂のそばに立つ大イチョウは
国の天然記念物で秋の黄葉が見事

【モミジ】
朱色の楼門へと連なる石段には黄色いモミジも

【寒ボタン】
花の少ない季節に室内で観賞できる冬の寒ボタンも人気

【モミジ】高さ35mの「鼓の滝」と紅葉の取り合わせは趣深い

ボタンの寺は天然記念物の大イチョウの黄葉も見事

冬の寒ボタンも人気

山口県有数のボタンの名所として知られる龍蔵寺は、春だけでなく、冬の寒ボタンも人気の花の寺である。4月中旬ごろに咲く春のボタンは約150品種1200株。牡丹園では赤、白、ピンク、紫と色とりどりの花が咲き競い、参道脇や観音堂周辺にも鉢植えのボタンが色をそえる。

石段下で参拝者を迎える「あくしゅ地蔵」

寒ボタンは温度調節などで花期をずらしている。年によって違うが、およそ60品種100鉢くらいのボタンが本堂に並べられ、花の少ない冬の時期に参拝者の目を楽しませている。種類が豊富で珍しい品種も多く、室内に置かれていることもあり開花期間も長い。

ユニークな仏像に注目

龍蔵寺はまた、石仏をはじめとする数々の仏像が目を引く。もみじ橋を渡り境内に入ると七福神、石段下では手をさしのべる「あくしゅ地蔵」が迎えてくれる。楼門をくぐると十二支わらべ地蔵、観音堂そばには耳に手を当てた「ぐち聞き地蔵」。ほかにも、カエルに乗った「かえる観音」、高さ10mの青不動明王、空中浮揚する芭蕉地蔵、ぼけ封じ観音、ミニ四国八十八か所の石仏がまつられている。

観音堂の深紅の馬頭観音像は、蓮華の台座が電動で開いたり閉じたりする仕組みになっている。蓮華のつぼみが開くと中から馬頭観音が姿をあらわすという仕掛けで、ふだんは開いたままになっているが、大きな行事のときなどには開花するそうだ。

寺の歴史は古く、山口市最古の名刹といわれる。国指定重要文化財の大日如来坐像をはじめ寺宝も数多い。寺伝によれば、文武天皇2年（698）、修験道の開祖・役小角が豊後国英彦山からこの地を訪れ、

蓮華の台座が開閉する仕掛けをもつ馬頭観音像

奥の院の岩窟に熊野権現を勧請、秘法の護摩供を修し「龍の蔵」と名づけたのが起源となる。天平13年（741）には行基が留錫し、寺を創建して自刻の千手観音像を奉安、「龍蔵寺」と号した。大内氏、毛利氏の時代には守護寺として保護されたという。

寺の由緒を証するかのように、観音堂前には国指定天然記念物の大イチョウが枝を広げている。推定樹齢は約900年、樹高は50m近くあって天然記念物指定のイチョウの中では日本一という。秋には黄色の葉が空いっぱいに広がり、モミジの紅葉との競演が繰り広げられる。

モミジは石段沿いなど境内のそこかしこにあり、3段で高さ35mの鼓の滝との取り合わせも絵になる。滝の周辺にはシャクナゲも自生している。

瀧塔山 龍蔵寺

山口県山口市吉敷1750　☎ 083-924-1357

- **宗派**　真言宗御室派
- **御本尊**　阿弥陀如来
- **拝観**　8:00～17:30（冬期は17:00まで）　200円
- **御朱印受付**　8:00～17:00
- **HP**　http://ryuzouji.org/
- **交通**
  電車／JR山口線湯田温泉駅からタクシーで約10分。JR山陽新幹線新山口駅からタクシーで約30分
  車／中国道小郡ICから国道9号・435号経由、約15分
  駐車場／40台　無料
- **参拝お役立ち情報**
  2～3日前に予約すれば精進料理の「真言密教膳（薬膳）」がいただける。
- **花ごよみ**
  寒ボタン1月初旬～2月初旬、ボタン4月中旬～5月初旬、モミジ紅葉・大イチョウ11月中旬～12月初旬
- **主な年中行事**
  不動明王縁日護摩供　毎月28日／初詣・初護摩供　1月1～3日／節分会　2月3日／春の観音まつり　2月第2日曜／万燈会　8月16日夜／除夜の鐘　12月31日夜
- **周辺の見所**　山口駅北側に瑠璃光寺、サビエル記念聖堂など
- **周辺の温泉**　湯田温泉、長門湯本温泉
- **周辺の宿泊施設**
  湯田温泉駅北側に20軒以上。湯田温泉旅館案内所（☎083-922-1811）

石仏とボタン

第六番

岩屋山 地蔵院

いわやさん じぞういん

山口県山口市

【サクラ】
地蔵院の春の美しさは格別で、枝垂桜や染井吉野のほか、陽光桜、天の川、楊貴妃、麒麟桜など、多種のサクラが咲き継ぐ

【サクラ】 鐘楼越しにサクラを望む

【八重紅枝垂桜】 サクラ約30種で境内が華やぐ

【鬱金(うこん)桜】
同じ緑がかった花色の御衣黄桜も見られる

【シャクナゲ】
サクラが散り終わらないうちに
シャクナゲが開花

【山ツツジ】
奥の院大師堂への道を彩る
ミツバツツジ

遍路の鈴の音響く秋穂八十八か所打ち始めの花寺

お大師まいりの伝統が息づく

この地には四国八十八か所の写し霊場である秋穂八十八か所がある。遍明院第8世住職の性海法印は幾度となく四国八十八か所を巡拝していたが、天明3年（1783）、秋穂に八十八か所霊場開創を発願する。弟子とともに四国を巡って札所の御本尊の護符や土砂などを持ち帰り、郷里に霊域を定めて開かれたのが秋穂八十八か所だ。

岩屋山地蔵院は、新山口駅方面からの打ち始めの札所になっており、旧暦3月20日、21日の「お大師まいり」にはお遍路さんでにぎわいを見せる。この日は地元の人たちの心のこもったお接待があり、徒歩や自転車で巡礼するのが似合うのどかな土地がらである。

山号の岩屋山の名のとおり、境内には「人面岩」と呼ばれる巨岩が鎮座し、奥の院への道からも大きな岩がごろごろしているのが見える。寺院創建以前から、古代の聖地であったかのような趣だ。

岩屋山の山号どおり境内には「人面岩」と呼ばれる巨岩が鎮座

多種のサクラが咲き継ぐ春

遍路シーズンでもある春の美しさは格別で、早春からさまざまな種類の花が咲き継ぐ。枝垂梅から始まり、サクラの先陣を切るのは3月から咲き始める陽光桜。サクラの種類は豊富で、染井吉野、紅枝垂、天の川、楊貴妃、麒麟桜、山桜など、開花期が異なるため長期間花が楽しめる。緑がかった花をつける鬱金桜や御衣黄桜も彩りをそえる。

サクラの花が終わらないうちに咲き始めるシャクナゲは、参道に並ぶ石仏の赤い毛糸の帽子に負けない華やかさだ。ホンシャクナゲが多く、つぼみの色は開花時以上

ミニ八十八か所の石仏も並ぶ

に色濃い。奥の院大師堂への登り道に自生するミツバツツジは山寺の雰囲気を一層やわらかいものにしている。

寺の創建は宝暦6年（1756）、山口の臨済宗常栄寺末の長安寺という名であったが、その後衰退し、明治元年（1868）に防府の国分寺塔頭・地蔵院を移して寺号を改め、現在は真言宗寺院となっている。本堂にまつられる本尊は延命地蔵菩薩。ほかに日切地蔵尊のお堂もある。日数を限って願を掛けると成就するとされ、信仰を集めている。

地蔵院は秋穂八十八か所の83番札所となっているが、日切地蔵尊の隣には82番札所の小堂もあり、堂内には江戸後期に防府天満宮境内に建立予定であった五重塔の模型が安置されている。札所はここから南へと続き、秋穂半島に点在する。

岩屋山 地蔵院

山口県山口市名田島3483　☎ 083-987-3044

- **宗派**　高野山真言宗
- **御本尊**　延命地蔵菩薩
- **拝観**　境内自由
- **御朱印受付**　8:30〜17:00
- **HP**　なし
- **交通**

電車／JR山陽新幹線・山陽本線新山口駅からバスで約15分岩屋下下車、徒歩約10分

車／山陽道山口南ICから国道2号・県道61号経由、約10分

駐車場／40台　無料

- **参拝お役立ち情報**

県道61号から「岩屋山」の標識に従い、折り返して川沿いに出て橋を渡る。岩屋下バス停（市営）駐車後、徒歩10分。ただし、2トン車、マイクロまで運行可能

- **花ごよみ**

ウメ2月上旬〜3月下旬、ハナモモ3月中旬、サクラ3月下旬〜4月上旬、ボタン4月上旬、シャクナゲ4月中旬〜下旬、ツツジ4月中旬〜5月中旬、アジサイ6月上旬〜下旬、サルスベリ7月下旬〜8月中旬、モミジ紅葉11月上旬〜下旬

- **主な年中行事**

地蔵様縁日　毎月24日／初詣　1月1〜3日／初地蔵　1月24日／節分星祭り　2月3日／お焚きあげ　2月下旬／秋穂霊場お大師祭り　旧暦3月20〜21日／地蔵様縁日大祭日切地蔵尊万巻心経　8月24日／祈願灯明　12月31日／除夜の鐘　12月31日

- **周辺の見所**　秋穂八十八か所霊場、岩屋山三条陶ヶ岳石仏
- **周辺の温泉**　湯田温泉、秋穂温泉
- **周辺の宿泊施設**　海眺の宿あいお荘（☎083-984-2201）、湯田温泉

修行大師。階段上は奥ノ院大師堂

第七番

宗隣寺（そうりんじ）

山口県宇部市

【サツキ】
山門をくぐるとサツキの参道。
国指定名勝・龍心庭、境内各所で美しく高貴な花を咲かす。
花の時期を過ぎても、そのたたずまい自体に気品がある。
古来愛される庭木

【モミジ新緑】
春から夏、緑葉の隙間を縫うように照らす光が美しい

【モミジ紅葉】
秋には龍心庭を赤く染める。
ひらりと舞う落ち葉を目で追うと時間を忘れる

【サクラ】
参道入り口脇より山門石段下までアーチを描く

【スイレン】
龍心庭は「睡蓮の庭」として有名。
古来の仏華

【アジサイ】
春になると新芽を伸ばし、葉を広げる。花は咲ききってしまうまでに少しずつ色を変える

【大書院の飛石】
飛石は山を表現しており、山を越え、
さらに奥の書院へと誘う

国の名勝庭園「龍心庭」を有する宇部の禅刹

全国的にも貴重な庭園様式

真締川沿いから桜並木の参道を奥へと進み、石段を上ると宗隣寺の山門。よく見れば木目を出したコンクリート造りで、「セメントの町」として知られる宇部の寺ならではだ。

門をくぐると正面に本堂、左手に如意輪観音をまつる観音堂があり、堂前には1本のサクラの古木が枝を広げている。この木は平成10年の本堂再建時に切られそうになったが、植物園の前館長からこのあたりでは古いサクラであるとの話があって命をつながれた。枝ぶりもよく、花をつければ広い前庭を華やいだものにしてくれる。

宗隣寺の見所はなんといっても、国の名勝にも指定されている「龍心庭」だ。鎌倉期にさかのぼる古い様式を残す庭園は、昭和43年に古態を復元されたもので、改修工事には昭和を代表する作庭家・重森三玲がたずさわっている。

本堂裏の山畔に広がる龍心庭には2つに区切られた池泉が配され、絶妙の曲線を描く。横長の大きな池のなかで目を引く8個の立石は「夜泊石（よどまりいし）」と呼ばれるもので、港に船が停泊している様子をあらわすとか。その船は仙人の住む蓬莱山から不老不死の妙薬を積んで帰った宝船ともいわれ、苔寺として知られる京都の西芳寺や、金閣寺、大覚寺などの庭園でも見られる。

夜泊石は池の浅い部分に配列されている。この浅瀬は平安時代に書かれた最古の庭園書とされる『作庭記』に記された「干潟様」の特徴とされ、現存するものは岩手県平泉の毛越寺とこの寺のみとされる。

この庭がいちばん輝くのは、苔と青葉が勢いを増す「緑」の季節かもしれない。サツキも植栽され、モミジの木も多く紅葉も美しいが、禅寺らしい簡素な美が味わえるのは、むしろ花の咲き終わった初夏から秋の初めにかけてではあるまいか。

唐の為光和尚創建の観音霊場

寺伝によれば、宗隣寺の前身である松江山普済寺が創建されたのは宝亀8年（777）、唐から海を渡り来朝した為光（威光）和尚による。当時このあたりは入海で、唐の太湖（南湖）の支流にある名勝「松江（ずんごう）」を思わせる景観であった。松江は観音菩薩の聖地であり、この地を訪れた為光和尚は故国に似た風景を愛し、山ふところにいだかれた湧泉に霊感をうけて寺を開創した。

龍心庭はその時々の風情が感じられる名庭

松江山 宗隣寺

戦国時代には廃絶していたが、寛文10年（1670）、宇部領主であった福原広俊が菩提寺として再興、亡き父元俊の「宝嶺宗隣居士」という法号にちなみ宗隣寺と名づけた。

江戸中期元文年間の境内整備で発見された朝鮮鐘には「長門州厚狭郡宇部郷松江山普済禅寺」「永和五年（1379）己未」の追銘があり、毛利氏から大阪の鶴満寺に寄進され、現在は国の重要文化財に指定されている。

寺を訪れた時は、本堂前の広場や廊下を地元の方が大勢で掃除をされているのを目にした。月にいちどの集まりらしく、この寺が地域に根づき支えられている様子がうかがえ、ほのぼのとした空気に包まれた。

山口県宇部市小串210　☎ 0836-21-1087

- **宗派**　臨済宗東福寺派
- **御本尊**　無量寿仏
- **拝観**　8:00～17:00　庭園300円
- **御朱印受付**　8:00～17:00
- **HP**　なし
- **交通**
  - **電車**／JR宇部線宇部新川駅からタクシーで約7分
  - **車**／山陽道宇部ICから国道490号経由、約5分
  - **駐車場**／20台　無料
- **参拝お役立ち情報**
  コースによっては標識があまり出ていないので、真締川沿いの道を目印に。国の名勝庭園「龍心庭」は緑の濃い季節と紅葉シーズンが美しく必見。
- **花ごよみ**
  ロウバイ1月上旬～下旬、ウメ2月上旬～3月下旬、ツバキ2月上旬～3月下旬、サクラ3月上旬～4月上旬、モミジ新緑4月上旬～5月下旬、ツツジ4月中旬、サツキ5月上旬～6月下旬、スイレン7月上旬～10月下旬、モミジ紅葉11月上旬～下旬
- **主な年中行事**
  初観音法会　1月18日／説教会　4月中旬／盆施餓鬼法会　8月16日／開山忌　11月第2日曜
- **周辺の見所**　ときわ公園
- **周辺の温泉**　持世寺温泉
- **周辺の宿泊施設**
  宇部新川駅周辺に国際ホテル宇部（☎0836-32-2323）など

山門より本堂へ（サツキの参道）

第八番

東行庵（とうぎょうあん）

山口県下関市

【ハナショウブ】
高杉晋作の70回忌に植えられた
ハナショウブは梅処尼（ばいしょに）の愛した花

【サザンカ】 「山茶花の路」と名づけられた遊歩道もあり、冬はサザンカが見応えがある

【高杉晋作顕彰碑】

「動けば雷電の如く、発すれば風雨の如し」で始まる
伊藤博文の銘文が刻まれている

【高杉晋作陶像】

70回忌に造られた銅像は
第二次大戦時の
金属供出で失われたため、
昭和31年に備前焼の
陶像が造られた

【モミジのライトアップ】
清水山山頂への道は「もみじ谷」と呼ばれ、紅葉シーズンにはライトアップされる

【東行庵】
東行庵の一般公開は
ゴールデンウィーク期間中のみ

幕末の志士・高杉晋作の眠る「花と歴史」の一大公園

長州奇兵隊ゆかりの地

　長州奇兵隊を創設した幕末の志士・高杉晋作は、雅号を「東行」という。明治維新を目前にして満27歳の若さで病死した晋作は、遺言どおりここ吉田の地に葬られた。吉田には、当時奇兵隊の本陣が置かれていた。

高杉晋作陶像を彩るミツバツツジ

　墓所である清水山の麓には、奇兵隊に入って後に軍監となった山県狂介（有朋）の草庵・無隣庵があったが、欧州へと旅立つためにこの地を離れることとなった山県は、明治2年（1869）、庵を晋作の愛人おうのに譲り渡した。おうのは晋作の墓を守り、明治14年には正式に得度、梅処（ばいしょ）と号し生涯にわたって晋作の菩提を弔いつづけた。これが東行庵の発祥である。

　現在の東行庵の建物は、明治17年、晋作のかつての同志であった山県有朋、伊藤博文、井上馨らが中心となり寄付を募って建てたもので、昭和41年、晋作百年祭を機に改修されている。

　国指定史跡の晋作の墓は清水山中腹にある。近くにある晋作の顕彰碑には「動けば雷電の如く、発すれば風雨の如し」で始まる伊藤博文の銘文が刻まれている。顕彰碑の左手に上っていくと高杉晋作陶像。70回忌を記念して造られた銅像は第二次大戦時の金属供出で失われたため、昭和31年に備前焼の陶像として造られた。

　そのほかにも、梅処尼や高杉家の墓、奇兵隊諸隊士の顕彰墓地などが並び、東行庵と清水山一帯は史跡公園となっているが、花の名所としても広く知られている。

晋作や梅処尼が愛した花

　晋作が好んだウメは、紅梅・白梅合わせて約200本、梅処尼の愛したハナショウブ

東行庵に隣接する下関市立東行記念館

東行庵

は70回忌を記念して植えられたもので、100種類6千本を数える。ハナショウブの咲く東行池の周辺にはサクラの木も多い。染井吉野のほか優美な枝垂桜もあり、東行池の水面は花筏でピンクに染まる。「山茶花の路」と名づけられた遊歩道もあり、冬はサザンカが色をそえる。

清水山山腹にはミツバツツジも多く、晋作の墓所や陶像も薄紫色のツツジの花で飾られる。白い聖観世音菩薩像の立つ山頂への道はもみじ谷と名づけられており、秋の錦繍は見事。ツバキの木も千本以上あり、早春から花が楽しめる。

東行庵の内部はふだんは公開されておらず、ゴールデンウイーク期間中のみ一般公開されている。白衣観音や晋作の位牌がまつられ、伊藤博文や山県有朋の書が掛かる。御朱印の受付は隣の東行記念館へ。

山口県下関市吉田1184　☎083-284-0211

宗派　曹洞宗

御本尊　白衣観世音菩薩

拝観　園内自由
春のゴールデンウイークに東行庵公開500円（抹茶・菓子付き）

御朱印受付　9:00～17:00（東行記念館）

HP　なし

交通

電車／JR山陽本線小月駅からバスで約10分

車／中国道小月ICから国道491号・県道260号経由、約10分

駐車場／200台　無料

参拝お役立ち情報

東行庵の内部公開はゴールデンウイークのみ。御朱印受付は隣接する東行記念館へ。

花ごよみ

ウメ1月下旬～3月下旬、ツバキ2月中旬～3月中旬、ミツバツツジ4月上旬、ハナショウブ5月中旬～6月上旬、モミジ紅葉11月上旬～中旬、サザンカ11月上旬～1月下旬

主な年中行事

東行忌　4月14日／奇兵隊ならびに諸隊士慰霊祭　11月第2土曜／聖観音様掃苔会　12月23日

周辺の見所　奇兵隊陣屋跡

周辺の温泉

吉田温泉「晋作の湯」

周辺の宿泊施設

サングリーン菊川（☎083-287-1760）

高杉晋作の墓

第九番

功山寺（こうざんじ）

山口県下関市

【イロハモミジと山門】
長府藩主毛利匡芳により再建された山門周辺の紅葉は見事

【イロハモミジと仏殿】
現存する日本最古の禅宗様建築を誇る仏殿は国宝

【ツバキ】書院裏庭に咲く

【シャクナゲ】
仏殿にはシャクナゲの天井絵が
描かれており、
周囲にはシャクナゲが植栽されている

【サクラ】
染井吉野のほか枝垂桜や御衣黄桜もあり、
春の境内は華やか

練塀連なる長府を花と紅葉で彩る維新発祥の名刹

風情ある町並みをぬけて

古くは長門国の国府であった長府は、江戸時代に長州藩の支藩・長府藩が置かれ、今も古い町並みが残る。長門国二の宮の忌宮神社裏から長府毛利邸にかけて、また菅家長屋門のある古江小路などは、あたたかい土色の練塀が連なり、町歩きを楽しみながら功山寺へ向かうことができる。

寺へは長府藩侍屋敷長屋のある壇具川沿いをさかのぼってもたどり着く。川には鯉や水鳥が遊び、洒落たカフェや食事処も点在する気持ちのよい道だ。

高杉晋作回天義挙像

功山寺の境内は砂地の空間が大きく明るい雰囲気だ。隣接する下関市立長府博物館の洋館と寺院建築の対比も味わい深い。博物館は昭和8年設立の長門尊攘堂を前身とする登録有形文化財で、坂本龍馬書状をはじめとする幕末維新の資料や長府毛利家の遺品などが展示されている。

春はサクラの名所として知られ、染井吉野のほか、黄緑がかった花をつける御衣黄桜もあり、鐘楼近くの枝垂桜も華やかだ。サクラが散り終わらないうちに花を咲かせるのは仏殿まわりのシャクナゲ。国宝の仏殿内部には、明治から昭和にかけて活躍した水彩画家・丸山晩霞によるシャクナゲの天井絵が描かれており、それにちなんで植栽されたものだ。

仏殿は現存する日本最古の禅宗様建築で、「此堂元応二年（1320）卯月五日柱立」の墨書があり、鎌倉末期の様式を伝えている。

秋の紅葉も美しく、安永2年（1773）、長府藩10代藩主毛利匡芳により再建された山門周辺のモミジは見事。山門手前と境内の木の色づきに差があり、緑から赤へのグラデーションに目をうばわれる。

高杉晋作決起の地

寺伝によれば、創建は嘉暦2年（1327）、虚庵玄寂禅師を開山とし、初めは金山長福寺と号する臨済宗の寺であった。大

土色の練塀が連なる城下町長府の町並み

内氏の帰依を受け興隆したが、毛利元就の軍に包囲された大内義長はこの寺で自刃し、以後、毛利氏の保護を受ける。

初代長府藩主毛利秀元の代に曹洞宗に改宗、慶安3年（1650）には秀元が没して法号「智門寺殿功山玄誉大居士」にちなみ功山寺と改められ、毛利家の菩提寺となる。

幕末には長州に下った尊攘派の公家七卿の内の五卿が功山寺の書院に潜居し、高杉晋作は五卿を前に挙兵の心意気を述べて、長州藩を再び倒幕に向かわせるために挙兵した。功山寺総門前には「高杉晋作回天義挙之所」の石碑、鐘楼そばには勇壮な晋作回天義挙像が立つ。

金山 功山寺

山口県下関市長府川端1-2-3　☎083-245-0258

- **宗派**　曹洞宗
- **御本尊**　釈迦牟尼仏
- **拝観**　9:00〜16:30　300円
- **御朱印受付**　9:00〜16:30
- **HP**　http://npweb.com/kouzanji/
- **交通**
  電車／JR山陽本線長府駅または下関駅からバスで城下町長府下車、徒歩約15分
  車／中国道下関ICから国道9号経由、約20分
  駐車場／15台　無料
- **参拝お役立ち情報**
  時間に余裕があれば、隣の長府博物館や、城下町長府の町並み散策も楽しみたい。
- **花ごよみ**
  サクラ3月下旬〜4月中旬、シャクナゲ4月下旬〜5月中旬、ツツジ4月下旬〜5月下旬、モミジ紅葉11月中旬〜12月中旬
- **主な年中行事**
  日曜坐禅会　毎月第1・3日曜／初観音　1月17日／積善講　3月19日／晋作忌　4月第1日曜／観音大祭　5月17日／地蔵盆　8月24日／大般若会　10月28日／義挙祭　12月15日／除夜の鐘　12月31日
- **周辺の見所**　長府庭園、毛利邸、乃木神社、赤間神社、長府の町並み
- **周辺の温泉**　マリン温泉、一の俣温泉、川棚温泉、湯本温泉
- **周辺の宿泊施設**
  東の海岸近くや国道沿いに下関マリンホテル（☎083-246-3111）、亀の井ホテル山口下関店（☎083-245-3301）など。関門海峡や下関駅周辺には宿多数。下関市観光振興課（☎083-231-1350）下関旅館協同組合（☎083-222-0756）

書院。五卿潜居の間

第十番

木山寺（きやまじ）

岡山県真庭市

【アジサイ】
「あじさい園」や池の周辺で見られるアジサイの花

【モミジとイチョウ】 本堂周辺は紅葉・黄葉の季節が美しい

【フジ】 本堂手前に小さな藤棚がある

【ツバキ】 山深い土地だけに冬は積雪も

【サクラ】 境内にもサクラはあるが、寺への登り道に咲くサクラが見事

【スイレン】
弁天堂が立つ池の水面は
スイレンの葉に埋めつくされ、
夏には白い花が顔を出す

神仏習合のなごりを留める山上の霊地は自然の宝庫

鳥居や狛犬に導かれ本堂へ

標高430mの山上に甍を並べる木山寺は、山陽花の寺霊場のなかでも山深い地にある。山の斜面を縫うように登る参道沿いにはサクラが植えられ、湿度が高いからであろう、その木肌は苔むして古木のような趣となっている。周辺一帯は郷土自然保護地域に指定されており、深山幽谷の霊域におもむく感を強くいだかされる。

駐車場から諸堂の並ぶ境内に入るには、まずは「木山牛頭天王」「木山善覚稲荷」の額がかかる赤い鎮守鳥居をくぐり、池に架かる成就橋を渡る。ここ木山寺には、神と仏を分け隔てることなくまつる神仏習合の信仰が色濃く残されており、鳥居をくぐり橋を渡るという異界参入の象徴的行為によって神秘感はいやます。

池のなかの小島には弁天堂の小祠が立ち、水面はスイレンで埋めつくされ、夏になると濃い緑の葉の上に白い花がそこかしこに顔を出す。周囲にはサツキやアジサイが植えられ、晩春から初夏にかけて色をそえる。

石段を上り不老門をくぐれば、両脇に樹齢300年のクスノキが立ち、大師堂、客殿、庫裏などが並ぶ。不老門は木山寺に現存する最古の建造物で、元禄元年(1689)の建立。

本堂はさらに高い場所に立っており、お

不老門をくぐると両脇に樹齢300年のクスノキ

尻を上げた出雲式の狛犬が見守る石段を上って再び鳥居をくぐる。鳥居の両脇には善覚稲荷の眷属たる狐の石像が並び、堂内には本尊の薬師如来、鎮守神の木山牛頭天王、善覚稲荷大明神がまつられている。薬師如来は秘仏で33年に一度の御開帳。牛頭天王は薬師如来の化身、善覚稲荷大明神は十一面観音の化身で、正徳4年(1714)、当時の名僧善覚により京都伏見稲荷から勧請されている。

本堂裏には見事な彫刻をほどこされた明治18年建立の鎮守殿(観音堂)がある。神仏分離令により木山宮本殿にまつられていた本地仏の薬師如来・十一面観音、その化身の牛頭天王・善覚稲荷が移され、絶対秘仏としてまつられている。

本堂周辺にはモミジが多く紅葉が見事で、小さな藤棚があり、ツバキも植栽されている。アジサイは駐車場左手の「あじさい園」の斜面に数が多い。

弘法大師空海による創建

木山寺の開創は弘仁6年(815)の初

冬、弘法大師空海によるものと伝わる。大師が美作に巡錫された折、薬師如来の化身の木樵姿の翁によってこの地に導かれ、寺を建立されたのが始まり。仁寿年間（851〜854）には文徳天皇により鎮護国家の勅願寺となり、戦国時代には毛利氏や尼子氏の崇敬を集め、その後も広く中国地方各地から篤い崇敬を得てきた。明治の廃仏毀釈の荒波を乗り越え、今も神仏習合の信仰が息づく霊地として、除災招福、商売繁栄など所願成就を祈る参拝者が絶えない。

寺の長屋門を出ると、小高いところに木山宮本殿の屋根が見える。古色を帯びた風格ある建物で、県の重要文化財に指定されている。ここから歩いて下れば山麓の木山神社里宮にいたる。

醫王山感神院 木山寺

岡山県真庭市木山1212　☎0867-52-0377

- **宗派**　高野山真言宗別格本山
- **御本尊**　薬師瑠璃光如来
- **拝観**　8:00〜17:00　無料
- **御朱印受付**　8:00〜17:00
- **HP**　http://www.kiyamaji.jp/
- **交通**
  電車／JR姫新線美作落合駅からタクシーで約20分
  車／中国道落合ICから国道313号経由、約15分
  駐車場／100台　無料
- **参拝お役立ち情報**
  落合ICを降りて左折、北に1つ目の信号で左折、白梅総合体育館への案内とは逆の右方に折れて木山街道に入り、あとは「木山寺」の標識に従う。
- **花ごよみ**
  サクラ4月上旬〜下旬、アジサイ6月中旬〜7月下旬、スイレン6月中旬〜8月下旬、モミジ紅葉11月上旬〜下旬、イチョウ黄葉11月上旬〜下旬
- **主な年中行事**
  修正会　1月1〜3日／節分会　2月3日／福引会陽・柴燈大護摩祈祷　2月第3日曜／あじさい祭り　7月上旬頃／七五三祈祷会　11月中
- **周辺の見所**
  醍醐桜、普門寺上山村おこし、勝山の町並み、蒜山高原
- **周辺の温泉**　まにわ温泉白梅の湯、真賀温泉、湯原温泉
- **周辺の宿泊施設**
  真庭シティホテルサンライズ（☎0867-42-2121）
  中国道落合ICから北へ6km、米子道久世ICから西へ4.5km

木山宮本殿

石段を上れば本堂

第十一番

玉泉寺（ぎょくせんじ）

岡山県真庭市

【オオヤマレンゲ】
大峰山系などに自生し「天女花」とも呼ばれる優美な花。
花の季節には「大山蓮華まつり」も開かれる

【シャクナゲ】
本堂周辺に咲くシャクナゲ。
4月下旬頃には「石楠花まつり」も開催

【アジサイ】
ヤマアジサイやコアジサイが多く種類が豊富

【レンゲショウマ】 清楚可憐な花をつけ、別名「森の貴婦人」

【エビネ】
本堂の裏山に4千株余り

【山シャクヤク】
一重咲き。
茶花として知られる

オオヤマレンゲや山野草の咲く中国山地の山寺

自生する山野草の花も魅力

　湯原温泉や蒜山・大山にも近い中国山地の山間部に伽藍を構える玉泉寺は、標高550mと山陽花の寺霊場では最も高所にある。そのため、深山で咲くオオヤマレンゲも育ち、自生する山野草にも恵まれ、ほかではあまり見ることのできない花が楽しめるのが魅力である。

　春はシャクナゲが色づきはじめる頃から、山野草の花の季節も幕を開ける。ヤマシャクヤク、クマガイソウ、エビネ、ヤマボウシ、コアジサイ、ササユリ、レンゲショウマ、ヤマユリ、ホタルブクロなどが次々と咲き継ぎ、訪れるたびに新たな花風景を見せてくれる。山野草愛好家が来訪すると、カメラを片手に2〜3時間、長い人は一日も滞在し、くつろいでいくこともあるという。

ササユリの群生

　オオヤマレンゲは登山を趣味にしている人にとってはおなじみの花で、奈良県大峰山系などに自生し、「天女花」とも呼ばれる。仏の台座の蓮華にもふさわしい優美な花で、古くから茶花としても好まれている。現代では広く一般に知られているとはいえないが、四国金刀比羅宮の奥書院で公開された伊藤若冲の「花丸図」に描かれているオオヤマレンゲを目にし、意外な場所での出合いに感慨をおぼえたことがある。

　玉泉寺のオオヤマレンゲには、雄しべの葯が赤いもの、濃いピンクのもの、薄いピンクのものの3種があり、ほかに園芸種のウケザキオオヤマレンゲ、ミチコレンゲがある。ウケザキオオヤマレンゲ（受咲大山蓮華）はホオノキとオオヤマレンゲの交配種で、花が上を向いて咲くのが特徴。ミチコレンゲは八重咲きの花が横を向いて咲き、皇后美智子さまが愛する花であることからその名がつけられた。5月下旬頃の日曜日には「大山蓮華まつり」が催され、甘酒や菓子のお接待があり、手打ちそばの模擬店なども出る。

四国八十八か所のお砂を納めた厄除け坂

ちなみに、4月下旬頃には「石楠花まつり」、6月下旬頃には「紫陽花まつり」も開催される。玉泉寺のアジサイはヤマアジサイやコアジサイ、カシワバアジサイ、シチダンカなど、一般によく見るアジサイとは異なる種類のものが多く、華やかではないが清楚でこの地の環境に調和している。

寺への石段は厄除け坂に

寺の始まりは平安末期、勝山領主三浦美濃守の命により宥沢大和尚が創建。がん封じ、厄除けの寺として全国から参拝者が訪れる。寺への上りのゆるやかな石段は、下半分が33段、折り返した上半分が42段で、厄除け坂になっている。石段の下には四国八十八か所の土砂が納められており、四国遍路のご利益を受けられるミニ写し霊場にもなっている。

金龍山 玉泉寺

岡山県真庭市鉄山857　☎0867-56-2366

- **宗派**　高野山真言宗
- **御本尊**　大日如来
- **拝観**　8:00～17:00　無料
- **御朱印受付**　8:00～17:00
- **HP**　http://www.gyokusenzi.or.jp/
- **交通**

  電車／JR姫新線中国勝山駅からタクシーで約30分
  車／米子道湯原ICから国道313号・県道55号経由、約15分
  駐車場／20台　無料
- **参拝お役立ち情報**

  湯原ICから寺への道はよく整備されており、案内板を見落とさなければ迷うことはない。
- **花ごよみ**

  サクラ4月下旬、シャクナゲ4月下旬～5月上旬、山シャクヤク5月上旬、エビネ5月上旬～下旬、ボタン5月中旬～下旬、オオヤマレンゲ5月下旬～6月下旬、ヤマボウシ6月中旬～7月上旬、アジサイ6月中旬～7月下旬、レンゲショウマ8月上旬～下旬、モミジ紅葉10月中旬～11月中旬、十月ザクラ10月中旬～11月中旬
- **主な年中行事**

  修正会　1月1～3日／石楠花まつり　4月下旬／大山蓮華まつり　5月下旬／紫陽花まつり　6月下旬／盂蘭盆会　8月15日／彼岸会　9月21日
- **周辺の見所**

  蒜山高原、神庭の滝、新庄村がいせん桜、勝山の町並み、金持神社
- **周辺の温泉**　湯原温泉、郷緑温泉、真賀温泉
- **周辺の宿泊施設**

  湯原温泉に宿多数。湯原観光情報センター（☎0867-62-2526）

本堂を背景に咲くシャクナゲ

第十二番

誕生寺

たんじょうじ

岡山県久米南町

【イチョウ】
誕生寺七不思議に数えられる
「逆木の公孫樹」

【モミジ新緑】 無垢橋を渡れば法然上人の両親をまつる勢至堂。川沿いにはモミジが多く緑の季節も味わい深い

【南天】 花頭窓と白壁に南天の実の赤が映える

【モミジ紅葉】
無垢橋周辺の紅葉は色あざやか

【サツキ】
飛び境内・娑婆堂。中国地蔵尊霊場の第1番札所である

大イチョウの黄葉がまぶしい法然上人御誕生の聖地

誕生寺七不思議「逆木の公孫樹」

　風格ある誕生寺山門の前に立てば、正面の御影堂をおおいかくすように枝を広げるイチョウの大木に目をうばわれる。秋の黄葉シーズンならなおさらのこと、山門の内外も、筋塀の上も、黄葉に埋めつくされ、黄金の光を放ちながら境内を荘厳するイチョウの存在感に圧倒される。

　この大イチョウは誕生寺七不思議に数えられる「逆木の公孫樹」で、法然上人ゆかりの伝説を有する。勢至丸（法然上人の幼名）が15歳にして修行のため比叡山へと旅立つ時、初学の地である奈義町の菩提寺から杖にしてきたイチョウをこの地に挿したところ、逆さに伸びて根が枝となって大きく成長したという。いわれてみれば、その枝ぶりはまるで根のように広がっている。

　境内には「旅立ちの法然さま」の像が立ち、その背後にもイチョウの木がそびえている。この木は「逆木の公孫樹」とは対照的に、枝を広げることなくまっすぐに天へと幹を伸ばしている。

「旅立ちの法然さま」の像

室町時代から伝わる「お会式」

　誕生寺の開創は建久4年（1193）、法然上人の命を受けた弟子の法力房蓮生が上人誕生の旧邸を寺院に改めたことに始まる。蓮生は『平家物語』の名場面、平敦盛との一騎打ちで知られる熊谷直実がのちに出家した姿である。

　正面の御影堂（本堂）は法然上人43歳の御自作像をまつり、須弥壇の位置が上人誕生の室にあたる。浄土宗をはじめとする上人ゆかりの各宗の参拝者が絶えることなく、法然上人二十五霊場の1番札所にもなっている。現在の建物は元禄8年（1695）の再建で国の重要文化財。正徳6年（1716）再建の山門も同じく重要文化財に指定されている。

　御影堂左手から無垢橋を渡れば上人の両親をまつる勢至堂。川沿いにはモミジも

法然上人産湯の井戸

多く、素朴な石橋に紅葉が映える。勢至堂から上人産湯の井戸を通り裏へ抜けると笛吹川歌碑公園。ホタル舞う清流の両岸に70を超える歌碑が立ち並び、ツバキやサツキ、ハナショウブなどが植栽されている。

御影堂右手の方丈・庭園の見学には拝観料が必要。鐘楼横の前庭にはサツキ、シャクナゲ、アジサイ、ボタンが植わり、裏手の法楽園はサツキの刈り込みに彩られている。方丈の襖絵は、赤穂出身の幕末の日本画家・法橋義信の円熟期の傑作。

誕生寺は、日本三大練供養に数えられる「お会式（えしき）」でも知られている。正式の法要名は「法然上人御両親追恩二十五菩薩練供養会式大法要」といい、起源は室町期にさかのぼる。現在は毎年4月の第3日曜日に開催され、全国から数万の参拝者が参集する。

栃社山 誕生寺

岡山県久米郡久米南町里方808　☎0867-28-2102

- **宗派**　浄土宗特別寺院
- **御本尊**　法然上人
- **拝観**　9:00～16:00　宝物館200円、方丈・庭園200円
- **御朱印受付**　9:00～17:00
- **HP**　http://www.d3.dion.ne.jp/~tanjoji/
- **交通**

電車／JR津山線誕生寺駅から徒歩約10分
車／中国道院庄ICから国道179号・53号経由、約20分。または中国道津山ICから国道53号経由、約30分
駐車場／80台　無料

- **参拝お役立ち情報**

国道53号を道の駅「くめなん」まで南下すれば、夏場なら休耕田に育てられているハスの花を見ることができる。

- **花ごよみ**

シャクナゲ4月中旬、サツキ5月上旬～6月下旬、モミジ紅葉11月上旬～中旬、イチョウ黄葉11月上旬～中旬

- **主な年中行事**

御忌日別時念仏　毎月25日／修正会　1月2日／人形供養「誕生寺御忌会兼修」　2月25日／日本三大練供養・会式法要　4月第3日曜／盂蘭盆施餓鬼会　8月15日／地蔵盆　8月24日／十夜法要　10月～11月（随月日）／除夜供養　12月31日

- **周辺の見所**　津山の町並みと鶴山公園、衆楽園
- **周辺の宿泊施設**

4～10月の期間は10人以上なら宿坊に宿泊できる。1泊2食で1人8400円（要予約）。津山駅周辺にも宿あり。
津山市観光協会（☎0868-22-3310）

鐘楼の立つ客殿前庭のアジサイ

山門

第十三番

大聖寺

だいしょうじ

岡山県美作市

【アジサイ】多宝塔を背景に咲くアジサイ

【仙翁花】大聖寺でしか見ることのできない幻の秘花「仙翁花」

【スイレン】
1979年、フランスのモネガーデンから
日本に初めて贈られたスイレン

【サツキ、イワフジ、スイレン】
本坊庭園ではサツキの赤、イワフジの紫、
スイレンの白の競演が見られる

【ガクアジサイ】
鐘楼の傍など各所にある

【沙羅】山陽花の寺のシンボルフラワーにもなっている沙羅の花

幻の仙翁花を伝える『宮本武蔵』ゆかりの古刹

アジサイの季節には大にぎわい

毎年、アジサイの花の季節になると、大聖寺の境内は大いににぎわいを見せる。兵庫県と境を接する美作に伽藍を構え、山陽花の寺の札所では最も東に位置するこの寺は、関西方面や山陰からのアクセスもよく、県外からの参拝者が数多い。

参道や本坊周辺などいたるところで見られるアジサイだが、1万坪のあじさい園がいちばんの見所。多宝塔を囲むように大きな「心」の字を描いて植栽されており、近年はこの地の環境に合ったヤマアジサイやガクアジサイを増やしているのが特徴だ。「あじさい花まつり」期間中はお茶席が設けられ、予約すれば「御寺料理(みてら)」(精進料理)がいただけるのもうれしい。

「あじさい寺」として知られる大聖寺だが、境内には四季折々の花が咲き、訪れる季節ごとに違った表情を見せてくれる。早春から花をつけるツバキも数が多く、西王母、烏丸、太郎冠者、黒百合、桃太郎、一休など35種類ほどが咲き競う。3月になればカタクリなどの山野草、4月はサクラ、5月にはチューリップツリーが樹上に無数の花をつけ参拝者の目を楽しませてくれる。

8月になって開花が始まるのは、この寺でしか見ることのできない幻の秘花「仙翁(せんのう)花(げ)」だ。仙翁花は、鎌倉末期から室町初期にかけて原産地の中国から京都の嵯峨仙翁寺に伝わったと考えられていて、中国ではすでに絶滅して見られないという。日本では、山陽花の寺21番佛通寺の開山・愚中周及禅師の語録にも仙翁花の詩が見えるように、室町期の文献にはその名がしばしば見いだされる。江戸期に入るとその名はほとんど見られなくなり、長く幻の花とされてきたが、近年、大聖寺に伝えられていることが知られ注目を集めている。

本坊「雁の間」の襖絵「雁」(狩野宗信作・江戸後期)

真言宗大覚寺派の別格本山である大聖寺には、嘉永元年(1848)、大覚寺から『嵯峨御流花伝書』とともに愛染明王の仏花が株分けされ、歴代住職が守り育ててきた。この花が幻の仙翁花である。愛染明王の供花にふさわしいあざやかな赤い花は、ナデシコ科の花らしく可憐で、草丈150㎝前後にまで成長する。

秋の紅葉シーズンを過ぎ、冬になっても境内の彩りはつきない。師走・正月には南天の赤い実が冬景色に色をそえ、あらゆる災難を福に転じる「福寿南天(難転)寺」として初詣での参拝者を集める。

恵龍山 大聖寺

小説家吉川英治も逗留

寺伝によれば、大聖寺の開創は天平10年(738)、聖武天皇の勅命を受けた行基菩薩による。盛時には五院十八坊舎の堂塔伽藍が甍を並べ、「西の高野山」と称されるほどの隆盛をきわめたが、江戸時代を前にした天正年間の戦火で焼失。現在の本堂不動院、本坊客殿などは慶長9年(1604)、津山城主森忠政公によって再建され、大聖寺は城主祈願所となる。歴代住職は京都御室御所の塔頭(たっちゅう)寺院である浄蓮院の院主職を務め、御所直轄寺院としての寺格を有し、本坊には「勅使の間」も残る。

吉川英治が『宮本武蔵』の執筆構想を練るのに逗留した寺としても知られ、武蔵がつるされた千年杉は山門前の2本の大イチョウがモデルとなっている。

岡山県美作市大聖寺1　☎0868-76-0001

- **宗派**　真言宗大覚寺派別格本山
- **御本尊**　大聖不動明王
- **拝観**　9:00〜16:00　300円(あじさい花まつり期間500円)
- **御朱印受付**　9:00〜17:00
- **HP**　http://daisyouji.or.jp/
- **交通**
  電車／JR姫新線美作江見駅からタクシーで約20分。またはJR姫新線・智頭急行佐用駅からタクシーで約25分
  車／中国道作東ICから国道179号・県道5号経由、約20分
  駐車場／100台　無料
- **参拝お役立ち情報**
  花が多く見られるのは「あじさい園」をはじめとする本坊客殿周辺だが、駐車場から逆方向の本堂不動院(一願不動尊)のお参りもお忘れなく。
- **花ごよみ**
  ツバキ2月上旬〜下旬、カタクリ3月上旬〜下旬、サクラ4月上旬〜下旬、チューリップツリー5月上旬〜6月上旬、アジサイ6月上旬〜7月下旬、沙羅6月上旬〜7月下旬、ハス8月上旬〜下旬、仙翁花8月上旬〜9月下旬、モミジ紅葉10月上旬〜11月下旬、南天12月上旬〜1月下旬
- **主な年中行事**
  写経会　毎月21日／修正会　1月1〜14日／節分会　立春の前日／常楽会　2月15日／正御影供　3月21日／大聖不動明王縁日　3月27日／仏生会　4月8日／大師降誕会　6月15日／あじさい花まつり／6月中旬〜7月上旬頃／施餓鬼法会　8月16日／成道会　12月8日／五日三時の大法会　12月11〜15日／除夜の鐘　12月31日
- **周辺の見所**　宮本武蔵生誕地、西はりま天文台
- **周辺の温泉**　湯郷温泉
- **周辺の宿泊施設**　湯郷温泉に10軒程度の宿あり。
  湯郷温泉旅館協同組合　(☎0868-72-2636)
  湯郷温泉観光協会　(☎0868-72-0374)

第十四番

大瀧山 西法院

おおたきさん さいほういん

岡山県備前市

【アジサイと滝】 花の季節には「あじさい祭り」も開催

【南天】冬の境内に色をそえる

【モミジ】
下の駐車場からの参道を彩る紅葉

【アジサイ】「あじさい寺」に国重文・三重塔が映える

【モミジと弁天堂】
境内に水の流れがあるだけに
錦繍のあざやかさは格別

備前のあじさい寺は境内に滝の流れる別天地

大瀧山福生寺の3坊のひとつ

大瀧山福生寺は、盛時には33坊を数えたという大寺で、明治まで13坊が残っていたが、現在は山陽花の寺14番札所となっている西法院のほか、福寿院、実相院が残るのみである。

ところどころに自然石の町石が残る渓流沿いの参道は、春はサクラが咲き、山の斜面はミツバツツジの薄紫色で印象派の絵のように染まる。ほどなく福生寺の仁王門にたどり着くが、本堂や塔頭のあるエリアはまだ先で、往時の寺域の広大さが偲ばれる。

山号の由来となった大瀧。左は弁天堂

重要文化財の三重塔が山中に

寺伝によれば、大瀧山福生寺の創建は天平勝宝6年（754）、唐から来朝した鑑真和上による。また、孝謙天皇の勅命により、報恩大師が備前四十八か寺を整備されたとき、福生寺もその内に加えられたと

道が二股に分かれると本堂があり、周辺には大師堂や鐘楼、経蔵などが並び、サクラやツバキが美しい。本堂手前の左側には福寿院、右の道を進むと実相院、西法院へは左の道を上る。

西法院は「あじさい寺」として知られ、15品種3万本のアジサイが咲く。毎年花の時期の約10日間「あじさい祭り」が催され、抹茶のお茶席が設けられるなどしてにぎわう。また、6月中は「あじさい」をテーマに文芸（俳句・短歌・川柳）の自由な投句ができる。7月上旬、選者により、各賞が決定発表される。境内には滝が流れており、花の美しさを一層引き立てている。

滝の周辺にはモミジの木も多く、秋は紅葉が見もの。渓流沿いに立つ弁天堂（天女閣）は夏でも滝の水しぶきで涼しく、昔は大学生が夏休みの勉強合宿で泊まりこんでいたこともあるそうだ。

石灯籠の並ぶ参道沿いにはサツキも多く、ジンチョウゲ、カイドウ、スイセン、南天や鉢植えの花まで並び、季節ごとの花が少しでも楽しめるよう心配りがなされている。

室町期から残る仁王門

いう。報恩大師は備前国出身とされ、岡山県内には報恩大師による開創縁起を有する寺院が数多い。

また、菅原道真により編纂された『類聚（るいじゅう）国史』にその名が見え、国分寺を除けば、国史に名を留める県内最古の寺院である。

万寿元年（1024）の火災で衰微したが、観応元年（1350）、足利尊氏の発願で播磨から良圓・良長を招き再興、足利氏の保護を受け寺運は隆盛した。康正元年（1455）には赤松氏と山名氏の戦乱により三重塔と仁王門を残して焼失。その後復興し、江戸期には池田家の帰依を受けた。

西法院境内から遠望できる三重塔は、六代将軍足利義教が願主となり嘉吉元年（1441）に建立されたもので国の重要文化財。本堂近くの山中に立っている。

大瀧山福生寺 西法院

岡山県備前市大内995　☎0869-66-9619

- **宗派**　高野山真言宗
- **御本尊**　愛染明王
- **拝観**　境内自由
- **御朱印受付**　8:30～17:00
- **HP**　なし
- **交通**
  電車／JR赤穂線伊部駅からタクシーで約10分
  車／山陽道和気ICから国道374号・2号経由、約15分
  駐車場／上・下12台、大瀧山駐車場は中型バスも可。無料
- **参拝お役立ち情報**
  西法院からは少し離れるが、県重要文化財の仁王門や本堂周辺、国指定重要文化財の三重塔にも注目を。
- **花ごよみ**
  南天1月上旬、ツツジ・サツキ4月上旬～5月下旬、ボタン4月下旬、アジサイ6月中旬～7月上旬、モミジ紅葉11月上旬～下旬、冬ボタン11月中旬
- **主な年中行事**
  お写経の会　毎月第1日曜／護摩祈祷　毎月28日／地蔵まつり　3月最終日曜日／あじさい祭り　6月中旬～7月上旬頃（約10日間）
- **周辺の見所**　備前の町並み（備前焼）、閑谷学校
- **周辺の温泉**　和気鵜飼谷温泉
- **周辺の宿泊施設**　和気鵜飼谷温泉（☎0869-92-9001）

本堂周辺の散り椿

くぐり大師と弁天堂

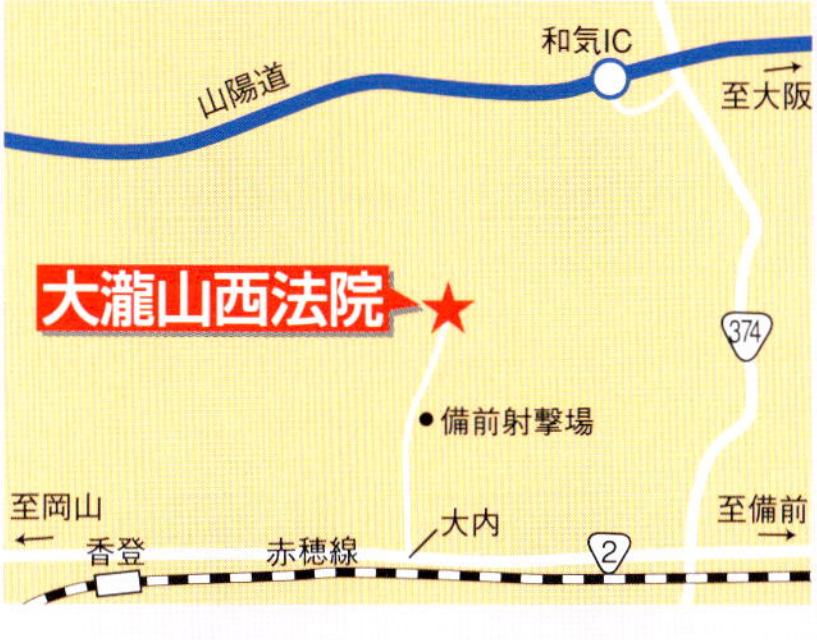

第十五番

遍明院（へんみょういん）

岡山県瀬戸内市

【シイ・クスの花】
境内にはクスノキの大木、裏山にはシイノキの森が茂り、緑に恵まれた寺

【サクラ】
サクラは駐車場周辺にも多く
地元の花見名所に

【ツツジ】
中庭の宝塔の横で花を咲かせ
色をそえるツツジ

【サザンカ】
参道の脇に咲きこぼれる

【モミジ】遍明院本堂と紅葉

日本三大踟供養を伝承する緑豊かな山里の寺

重文の五智如来坐像が伝わる

遍明院は古い歴史と数々の文化財を伝える千手山弘法寺の塔頭である。現在は遍明院のほか、東壽院が残るのみだが、山下に享保8年（1723）再建の大門が残り、かつては広大な寺域を有していたようだ。

ここは「千手」と呼ばれる山間の地で、遍明院は低山の中腹に位置する。県道から寺への参道を上ると、駐車場の思いがけない広さに驚かされる。駐車場周辺にはサクラの木が多く、花の季節には地元の花見名所となる。

石段横には大きなクスノキがあり、見事な石垣の上に立つ寺の建物をおおい隠すように枝を広げている。クスノキは新緑の季節が美しく、5月末頃には黄白色の小さな花をつける。

遍明院には数々の寺宝や古文書が伝わっている。ふだんは一般公開されていないが、収蔵庫に安置されている五智如来坐像は国指定重要文化財で、12世紀の藤原和様を伝える貴重な作。鎌倉期の阿弥陀如来の被り仏も収蔵されているが、これは「踟供養」で使用されるものである。

一般には「練供養」と表記されるが、弘法寺踟供養は鎌倉時代から伝承されており、奈良県葛城の當麻寺、岡山県久米の誕生寺とともに日本三大踟供養に数えられ、毎年5月5日に盛大に催される。中将姫の極楽往生を伝える一種の再現劇で、人々が諸菩薩に仮装するなどして練り歩き、中将姫の小像を阿弥陀如来が東壽院で迎える。収蔵庫に安置されている被り仏は、このときに被られる阿弥陀如来の中空の木造で、胸のあたりに外を見るための長方形の穴

国の重要文化財の五智如来坐像

平成18年に修復された山上の常行堂

が開いており、ユーモラスな印象を与える。

山上の弘法寺跡へ

遍明院からさらに登ると、山上に昭和42年に焼失した弘法寺の跡がある。平成18年に修復された常行堂(じょうぎょう)のほかには古くなった御影堂や経蔵が残るだけで、ありし日の本堂や多宝塔の影はなく、往時を思い浮かべることしかできない。訪れる人も少なく、人知れず咲く花が寂しい。

弘法寺は、寺伝によれば天智天皇の勅願による開創。報恩大師により備前四十八か寺の興法寺として再興され、のちに弘法大師が留錫(りゅうしゃく)し自刻の千手観音像をまつって千手山弘法寺と改めた。

遍明院の北に見える報恩山(氷倉山)は報恩大師入寂の地と伝わり、弘法寺奥の院とも呼ばれ、報恩大師供養塚が立つ。

千手山弘法寺 遍明院

岡山県瀬戸内市牛窓町千手239　☎0869-34-2050

- **宗派**　高野山真言宗
- **御本尊**　五智如来（前仏：不動明王）
- **拝観**　境内自由　寺内は電話予約
- **御朱印受付**　9:00〜16:00
- **HP**　なし
- **交通**
  電車／JR赤穂線西大寺駅から牛窓行きバス（南回り）約20分で千手弘法寺前下車、徒歩約5分
  車／岡山ブルーライン西大寺ICから県道28号経由、約10分
  駐車場／50台　無料
- **参拝お役立ち情報**
  可能であれば踟供養の日に訪ねたい。遍明院から山上の弘法寺跡地までは5分もかからないので、こちらにも参拝を。
- **花ごよみ**
  サクラ4月上旬〜下旬、シャクナゲ4月中旬、シイ・クスの花5月下旬、モミジ紅葉11月上旬〜下旬
- **主な年中行事**　踟供養　5月5日／大根まつり　12月第1日曜
- **周辺の見所**　牛窓
- **周辺の宿泊施設**
  牛窓港周辺などに宿あり。
  瀬戸内市観光協会牛窓支部（☎0869-34-9500）

大門

第十六番

餘慶寺（よけいじ）

岡山県瀬戸内市

【サクラ】
本堂・三重塔を背景に咲くサクラ

【スイレン】弁天池に咲くスイレン

【ヤマブキ】寺への登り道にはヤマブキも多い

【アジサイ】
参道沿いに約50株植栽

【ミツバツツジ】
「上寺の森」にはミツバツツジも自生する

【ハス】本堂前には鉢植えのハスの花が並ぶ

吉井川を望む上寺の森に守られたサクラの名所

参道にはサクラにヤマブキ

餘慶寺は標高60mほどの小高い山の上にある。上に寺があるから「上寺山（うえてらさん）」と呼ばれるようになったのか、山の名前はいつしか寺の山号にもなり、餘慶寺は地元で「うえてら」と呼ばれ親しまれている。

県内有数のサクラの名所として知られ、寺への登り道にも数多くのサクラの木が植えられている。サクラの下にはヤマブキも咲き、桜色と山吹色の競演が見られる。

周辺の森は「上寺の森」として里山整備がなされ、遊歩道も設けられており、野鳥の声を聞きながら散策できる。山上からは吉井川のゆったりとした流れを望み、対岸には「裸祭り」で知られる西大寺がかすむ。

寺への車道沿いにもサクラやヤマブキが植栽されている

本堂前を彩る鉢植えのハスの花

寺伝によれば、餘慶寺の開創は天平勝宝元年（749）、報恩大師により備前四十八か寺のひとつとして整えられた。東方の山から昇る太陽を拝するのに適した霊地として、古くは日待山日輪寺と称した。平安前期に慈覚大師円仁が再興し、自刻の千手観音をまつって本覚寺と改称、平安後期には近衛天皇の勅願所となり上寺山餘慶寺と改められた。源平の争乱により焼失したが、赤松氏や宇喜多氏により徐々に再建され、江戸時代には池田藩主の帰依を受けて隆盛した。

境内には国指定重要文化財の本堂（観音堂）、薬師堂、三重塔、地蔵堂などが甍を連ね、豊原北島神社のほか、愛宕社、日吉社などの小さな社も並び、神仏習合の姿をよく留めている。かつて7院13坊といわれた塔頭も、恵亮院、本乗院、吉祥院、定光院、明王院、圓乗院の6院が残る。

山内には今も塔頭が6院残る。写真は明王院

本堂にまつられる本尊は、慈覚大師自刻と伝わる千手観音菩薩で「東向き観音」と呼ばれ親しまれている。本堂が日の出の太陽に向かって東向きに建てられており、厨子に納められた秘仏の千手観音像も東を向いておられるからだ。

かつて薬師堂にまつられ、現在は収蔵庫に安置されている薬師如来・聖観音菩薩は国の重要文化財、十一面観音菩薩は県の重要文化財に指定されており、10月中旬の寺宝展などで拝観することができる。

サクラの美しさで名高い餘慶寺だが、近年は本堂前で鉢植えのハスの花も楽しめるようになった。本尊の千手観音菩薩が蓮華王菩薩とも呼ばれることにちなんで植栽されたもので、赤、白、黄色など色とりどりの蓮華が夏の境内を荘厳する。弁天池ではスイレンの可憐な花も色をそえている。

上寺山 餘慶寺

岡山県瀬戸内市邑久町北島1187　☎ 086-942-0186

宗派　天台宗

御本尊　千手観世音菩薩

拝観　8:00～17:00　無料

御朱印受付　8:00～17:00

HP　http://www.yokeiji.com/

交通

電車／JR赤穂線西大寺駅からタクシーで約10分。または赤穂線大富駅から徒歩約20分

車／岡山ブルーライン西大寺ICから県道28号・69号経由、約10分。ブルーライン瀬戸内ICからも約10分

駐車場／20台　無料

参拝お役立ち情報

10月に開催される寺宝展では、ふだん拝観できない仏像が見られるほか、支院のひとつが公開される。

花ごよみ

サクラ3月下旬～4月中旬、ヤマブキ4月上旬～下旬、ミツバツツジ5月上旬～下旬、アジサイ6月上旬～下旬、スイレン6月上旬～10月中旬、ハス7月上旬～8月下旬

主な年中行事

さくらまつり　4月1日～8日／花まつり　4月8日／水まつり　8月末／寺宝展　10月中旬／両詣り　12月31日

周辺の見所　後楽園

周辺の宿泊施設　岡山市内に宿多数。

おかやま観光コンベンション協会（☎086-227-0015）

白衣の巡礼さんたち

らんまんの春

第十七番

円通寺

えんつうじ

岡山県倉敷市

【ツツジ】

ツツジ・サツキの名所として知られる

【サクラ】
ここは良寛の修行寺。
茅葺きの本堂を背景にサクラが咲く

【ツツジと石庭】
自然のままの石組を生かした石庭

【良寛ツバキ】
良寛の頃からあるという白ツバキ

【コスモス】玉島の町並みや瀬戸内海も一望

【スイレン】
境内3つの池のいずれにも見られる

【モミジ】良寛堂に隣接する茶室友松堂を彩る紅葉

広大な寺域をサクラとツツジが埋める良寛修行の寺

花の名所円通寺公園

円通寺の寺域は広大だ。一帯は花の名所として知られる岡山県指定名勝「円通寺公園」となっており、園内には国民宿舎良寛荘も立つ。なかでもサクラはとりわけ数が多く、茅葺きの本堂に寄りそう風雅な一本のサクラから、水島港を見下ろす芝生公園のサクラの林まで、さまざまな花風景が堪能できる。

ツツジやサツキも多く、サクラの散りはじめには自生のミツバツツジが山の斜面を埋め、5月になれば公園のツツジ・サツキが咲き競う。

自然のままの石組を活かした石庭も花の見どころ。丸く刈り込まれたサツキが石の荒々しさをやわらげ、池のアヤメが雅びを加え、自然と人為の調和したまことに日本庭園らしい景観をかたちづくっている。

本堂前の散り桜

茅葺き屋根の本堂と良寛像

縁起によれば、当地白華山は行基菩薩作と伝わる聖観世音菩薩（星浦観音）をまつる天平以来の観音霊場であった。江戸期に入って観音堂は荒廃し、近隣で災害や疫病が多発するのは星浦観音のたたりではないかと不安が広がったため、玉島の韜光庵に滞在していた徳翁良高和尚を開山に迎え、元禄11年（1698）に創建されたのが補陀洛山円通庵である。

良高和尚は加賀国金沢の大乗寺で月舟宗胡の法を継ぎ、大乗寺住職を退いてからは備中・備後などを行脚し各地で寺院の再興や開山に努めた人だ。良高和尚の高徳を慕う備中松山藩主水谷家の帰依を受け寺運は興隆し、諸堂も整備され、正徳4年（1714）には円通寺と改称された。

良寛がこの寺で修行したのは10世大忍国仙和尚の時代。宝暦8年（1758）、越後出雲崎に生まれた良寛は、22歳のとき円通寺に入山し、以後11年余りの厳しい

参禅道場白雲関では定期の坐禅会も開かれている

修行に耐え、33歳で国仙和尚より印可（いんか）を受けた。翌年には師の入寂もあってか諸国行脚の旅に出ている。境内には良寛托鉢像が立ち、修行地としての由緒を伝えている。

良寛像のそばに立つ大きな建物は聖観世音菩薩をまつる本堂で、茅葺きの屋根がやさしい印象を与える。像の左手にある良寛堂も茅葺きで、こちらは修行僧の衆寮であった建物だ。奥に立つ白雲関は坐禅道場で、毎週日曜日早朝には定期の坐禅会が開かれ一般の方も参禅できる。

円通寺公園内には良寛ゆかりのものをはじめ数多くの石碑が立ち、案内地図に掲載された碑を探し歩く「石碑めぐり」も楽しい。石仏の並ぶミニ観音霊場にもなっており、毎月18日の観音縁日には多くの参拝者が集い、お接待の甘酒やお茶を楽しみに山内をめぐる。

補陀洛山 円通寺

岡山県倉敷市玉島柏島451　☎ 086-522-2444

- **宗派**　曹洞宗
- **御本尊**　聖観世音菩薩（星浦観音）
- **拝観**　境内自由
- **御朱印受付**　8:00～17:00
- **HP**　http://www.kurashiki.co.jp/entsuji/
- **交通**
  電車／JR山陽本線新倉敷駅からバスで玉島中央町下車、徒歩約10分
  車／山陽道玉島ICから国道2号玉島バイパス経由、約10分
  駐車場／100～150台　無料
- **参拝お役立ち情報**
  日曜早朝の坐禅会や観音縁日のミニ観音霊場めぐりに参加してから花を愛でるというのも一案。
- **花ごよみ**
  サクラ4月上旬～下旬、カキツバタ5月上旬～下旬、ツツジ5月上旬～下旬、サツキ5月下旬～6月下旬、モミジ新緑5月下旬～6月下旬、アジサイ5月下旬～6月下旬、コケ6月上旬～下旬、スイレン7月中旬～8月下旬、モミジ紅葉11月上旬～下旬
- **主な年中行事**
  坐禅会　毎週日曜／良寛茶会　4月第2日曜／良寛祭（文化茶会）11月3日
- **周辺の見所**　倉敷の町並み
- **周辺の宿泊施設**　円通寺公園内に国民宿舎良寛荘（☎086-522-5291）

蓮弁浄水

坐禅会

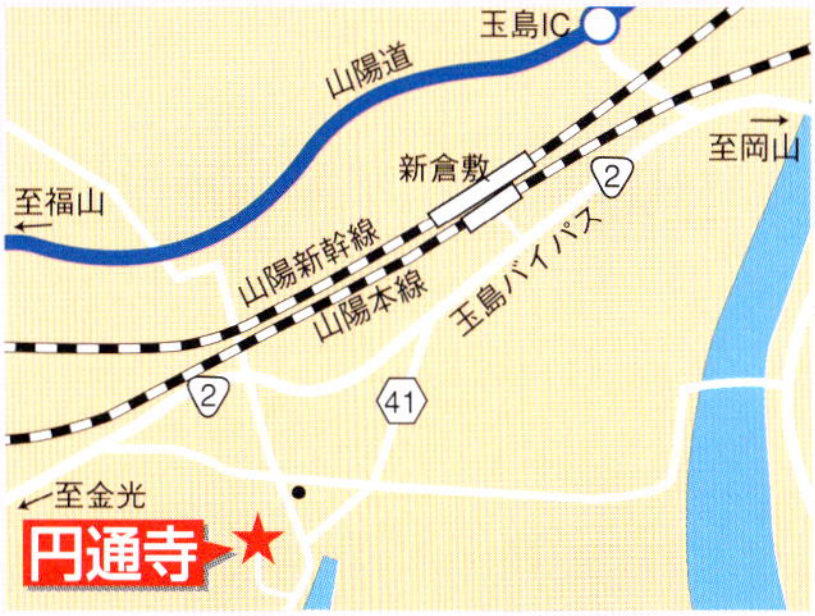

第十八番

明王院

みょうおういん

広島県福山市

【サツキ・ツツジ】
山門へと続く
石段の脇にはサツキ、
左手のスペースには
大ぶりの花を咲かせる
ヒラドツツジも

【サクラ】国宝五重塔とサクラ

【沙羅】山門にいたる石段の左側に植栽

【ツバキ】山門の前庭にある

【アジサイ】中庭や山門前庭、五重塔裏手、十王堂裏などを彩る

サツキ咲く石段を上り国宝の本堂・五重塔を仰ぐ

朱塗りの本堂と五重塔が並ぶ

明王院は芦田川のほとりにある。近くの中州では幻の中世集落「草戸千軒」の遺跡が発掘されており、鎌倉時代から室町時代にかけて交通の要所として栄えていたことが明らかになっている。明王院の前身である当時の常福寺も、門前町とともに繁栄していたことであろう。

山門をくぐると正面に朱塗りの国宝本堂が立つ

境内に入ると左手に閻魔王以下十王をまつる十王堂、正面の石段の上には朱塗りの五重塔が顔をのぞかせている。

石段下の左右の石碑に目をやると、右に「備後准西國第一番」、左に「福山西國第一番」と刻まれており、それぞれ大正15年、昭和2年の銘がある。明王院は昭和56年に開創された中国観音霊場の札所にもなっているが、古くから地方の観音霊場札所にもなっていたのだ。

石段を上ると「中道山」の扁額のかかる山門。正面に見える本堂は元応3年(1321)の建立で、和様を基調に細部に禅宗様をとり入れた折衷様の最古の建物として国宝に指定されている。堂内にまつられる平安初期の木造十一面観音立像は、伝教大師作と伝わる秘仏で国の重要文化財。

本堂横に立つ五重塔は貞和4年(1348)建立で、奈良法隆寺や京都醍醐寺などを除けば全国でも屈指の古さを誇り、こちらも国宝に指定されている。本堂とともに朱塗りの色が映え、上品な華やかさを醸しだしている。

寺の開創は大同2年(807)、弘法大師空海によるもので、大師の十大弟子のひとりである真如法親王も当寺に留錫したと伝わる。現存する本堂が建立された鎌倉末期の再興時には、西光山理智院常福寺と称し、奈良西大寺末に連なる真言律宗の寺であった。江戸期には備後福山藩3代

ミツバツツジに彩られた展望台への道

藩主水野勝貞が、常福寺と福山城下の明王院円光寺を合併、明王院と号し水野家の祈願寺として保護した。

余裕があれば展望台まで山登り

花の見どころは石段の両側に植栽されたサツキ。その左手のスペースではサツキやツツジのほか、ツバキやショカッサイなどさまざまな花が見られる。

五重塔横から草戸山公園展望台へといたる山道には自生のミツバツツジが咲く。石仏の並ぶ道をたどり、愛宕神社、奥の院を経由して20分ほどでたどり着く。駐車場も完備された園内にはサクラやツツジが咲き、展望台からは芦田川の流れの先に瀬戸内海も遠望される。

中道山円光寺 明王院

広島県福山市草戸町1473　☎084-951-1732

- **宗派**　真言宗大覚寺派
- **御本尊**　十一面観世音菩薩
- **拝観**　8:00～17:00　境内自由
- **御朱印受付**　8:00～17:00
- **HP**　なし
- **交通**
  電車／JR山陽本線福山駅からタクシーで約10分
  車／山陽道福山東ICから国道182号・2号経由、約30分。または福山西ICから約30分
  駐車場／30台　無料
- **参拝お役立ち情報**
  花だけでなく、国宝の本堂・五重塔の細部をじっくり鑑賞したい。ミツバツツジの花の季節なら展望台まで足を延ばしたい。
- **花ごよみ**
  ツバキ1月中旬～3月中旬、サクラ4月上旬～下旬、モクレン4月上旬～下旬、サツキ5月上旬～下旬、アジサイ6月上旬～下旬
- **主な年中行事**
  心経写経会　毎月1日／修正会　1月1～3日／愛宕大権現大祭　旧暦1月23～24日
- **周辺の見所**　福山ばら公園、鞆の浦の町並み
- **周辺の宿泊施設**
  福山駅周辺や鞆の浦に宿多数。福山市観光協会（☎084-926-2649）

草戸山公園展望台から芦田川を望む

左から書院、五重塔、庫裡

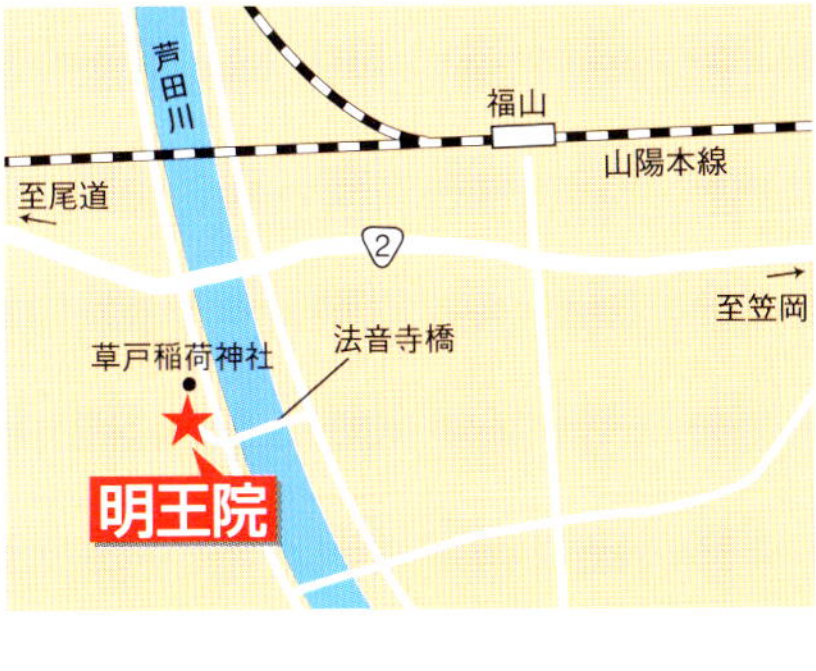

第十九番

西國寺（さいこくじ）

広島県尾道市

【サクラ】
尾道でも有数のサクラの名所

【アジサイ】
持仏堂・不動堂などが並ぶ一帯には
アジサイが植栽されている

【サクラ】
石段から振り返ればサクラ越しに
仁王門の屋根が見える

【フジ】
持仏堂そばには「時雨茶屋」という茶店があり、小さな藤棚が趣をそえる

【アジサイ】
仁王門そばに咲くアジサイ

大草履の仁王門をくぐればサクラのトンネル

愛宕山山腹に広がる境内

渡船の行きかうおだやかな海に面した尾道は「坂の町」である。すぐ背後には、西から大宝山・愛宕山・瑠璃山の尾道三山がそびえ、それぞれの山の中腹には由緒ある古刹が甍を並べている。三山はお寺の名を冠し千光寺山・西國寺山・浄土寺山とも呼ばれ、西國寺は中央の愛宕山山腹に伽藍を構えている。

国道からJR山陽本線の下をくぐりゆるやかな坂道を上ると、ほどなく仁王門が姿をあらわす。巨大な草履のかかる門をくぐれば、参道をおおうようにサクラが枝をのばし花のトンネルをつくる。尾道有数のサクラの名所として知られ、春は多くの人出でにぎわうが、秋の桜紅葉（さくらもみじ）も美しい。

山腹に位置する寺の境内は上へ上へと続く。朱色の灯籠が並ぶ長い石段を上れば、正面に国指定重要文化財の金堂。至徳3年（1386）の建造で、善通寺から迎えたと伝わる薬師如来坐像をまつる。ふりかえれば眼下に尾道の町並みを一望。

さらに一段高い土地に上ると、持仏堂、不動堂、大師堂などの諸堂が並ぶ。持仏堂前の枝垂桜はまだそれほど大きくはないが、愛宕山と三重塔を背景に咲く姿はあでやか。そばには「時雨茶屋」という小さな茶店も設けられており、抹茶や甘酒で一服することができる。茶店には藤棚があり、5月初め頃に薄紅色や藤色の花をつける。周辺にはアジサイも植栽されている。

不動堂の前に無造作に並べられているのは「力石」。港町として栄えた尾道には、物資の上げ下ろしに従事する力自慢の仲仕たちが数多くいた。彼らの力くらべに用いられたのがこの力石だ。

石仏の並ぶ石段を上って三重塔へ。永享

巨大な草履のかかる仁王門

国重要文化財の金堂

元年（1429）、室町幕府6代将軍足利義教らの寄進により建立された純和様の復古建築で国の重要文化財。仁王門から、金堂前から、持仏堂前からと、境内の高みに上るごとに異なる構図を楽しめるのが西國寺三重塔の魅力である。

西国一の大寺

寺の創建は天平年間、行基菩薩によるものと伝わる。治暦2年（1066）の火災で多くの堂宇を失い、永保元年（1081）に白河天皇の勅命により再建。南北朝時代の永和年間には再び焼失し、現在も残る金堂などが再建されている。

西國寺の寺号は西国一の大寺であったことにちなむというが、風格あるたたずまいは今も変わらない。花の季節に限らず、尾道の古寺めぐりに欠かせない名刹である。

摩尼山総持院 西國寺

広島県尾道市西久保町29-27　☎0848-37-0321

- **宗派**　真言宗醍醐派
- **御本尊**　薬師如来
- **拝観**　9:00～16:30　持仏堂内500円
- **御朱印受付**　9:00～17:00
- **HP**　なし
- **交通**

電車／JR山陽本線尾道駅からバスで西国寺下下車、徒歩約5分。または尾道駅から徒歩約25分

車／山陽道尾道ICから国道184号・2号経由、約10分

駐車場／10台　無料

- **参拝お役立ち情報**

「坂の町」「寺の町」である尾道を散策しながら、20番千光寺とともに1日かけてゆったりとまわりたい。

- **花ごよみ**

サクラ4月上旬、アジサイ6月中旬

- **主な年中行事**

火渡り柴燈護摩　1月8日／節分会　2月3日／花供養　4月21日／きゅうり封じ　7月第1日曜／大般若転読法要　9月9日／先祖供養土砂加持　10月20日

- **周辺の見所**　尾道の町並み、しまなみ海道
- **周辺の宿泊施設**

尾道市内に宿多数。新尾道駅観光案内所（☎0848-22-6900）

火渡り柴燈護摩

力石

第二十番

千光寺

せんこうじ

広島県尾道市

【サクラ】
千光寺からサクラ越しに尾道大橋を望む

【フジ】
毘沙門堂西側や
千光寺公園には藤棚もある

【千光寺公園】
「日本さくら名所100選」にも
選定されている

【沙羅】
本堂下、大仙堂の前に
山陽花の寺霊場開創法要で記念植樹

【夜桜】
寺の境内や千光寺公園全体をライトアップ。
連日、花見弁当持参の人たちでにぎわう

【ツツジ】毘沙門堂西側からの眺望

千光寺公園は「日本さくら名所100選」に選定

尾道を代表する風景

林芙美子の『放浪記』の冒頭には「私は宿命的に放浪者である。私は古里を持たない」とあるが、13歳から約6年間を過ごした尾道こそ彼女の心のふるさとであった。そんな芙美子が『放浪記』のなかで、「長崎の黄いろいちゃんぽんうどん」とともになつかしいものとして挙げているのが「千光寺の桜」である。

千光寺公園のサクラは「日本さくら名所100選」にも選定されており、千光寺山の山頂から中腹にかけて、染井吉野をはじめ八重桜、枝垂桜など、1500本を超えるサクラが植えられている。県内屈指のお花見所で、シーズン中は数百のぼんぼり提灯がともされ、夜桜見物もにぎわう。

千光寺公園はもともと千光寺の敷地であり、現在は尾道市によって管理されている。サクラ以外にも、ヒラドツツジやサツキが数多く植栽されており、秋には毎年恒例の「尾道菊花展」が催され、季節ごとの花風景が楽しめる公園だ。

千光寺鐘楼「驚音楼」からの眺望

千光寺山にはロープウェイが通じており、山頂駅からすぐの展望台からは尾道の町並みの絶景が広がる。かなたにはしまなみ海道の島々もかすみ、尾道を代表する眺望となっている。

公園内には安藤忠雄の設計でリニューアルされた尾道市立美術館も立ち、市内の重文建築西郷寺本堂を模した寺院風の本館と、コンクリート打ち放しにガラス張りの新館が周囲の景観に調和している。

「日本の音風景100選」の鐘

千光寺へは美術館の横あたりから海側に下る。「鼓岩」という巨岩を過ぎ、幟旗はためく坂道を下ると、西国三十三所の本尊をまつる観音堂。大きな数珠を回しながら礼拝する参拝者が後を絶たず、パチパチという数珠玉の音があたりに響く。

見上げれば舞台造りの朱塗りの本堂が崖にへばりつくように立っている。「赤堂（あかどう）」とも呼ばれ、33年に一度開帳される秘仏の千手観世音菩薩をまつる。

本堂そばにそびえる巨岩の上には玉がのっている。昔この岩の上には宝玉があり、夜ごと光を放ってはるか海上を照らしていたが、異国の者に奪われ、海に落ちて沈んでしまったという伝説がある。岩の頂には宝玉の跡とされる穴があいており、現在は人工の玉が置かれ、伝説を再現するように夜には光を発する。千光寺の寺号や大

大宝山権現院　千光寺

広島県尾道市東土堂町15-1　☎0848-23-2310

- **宗派**　真言宗単立
- **御本尊**　千手観世音菩薩
- **拝観**　9:00～17:00　無料
- **御朱印受付**　9:00～17:00
- **HP**　http://www.senkouji.jp/

● **交通**
電車／JR山陽本線尾道駅からバスで長江口下車、千光寺山ロープウェイで山頂駅へ、山頂駅から徒歩約5分。または尾道駅からタクシー約10分
車／山陽道尾道ICから国道184号・2号経由、約10分
駐車場／70台（臨時駐車場410台）　500円

● **参拝お役立ち情報**
ロープウェイは比較的安価で、絶景の空中散歩が楽しめる。ただし観光シーズンには行列ができることも。

● **花ごよみ**
ツバキ1月中旬～2月下旬、サクラ4月上旬～中旬、ツツジ4月下旬、フジ5月下旬、沙羅6月上旬、キク10月下旬～11月上旬

● **主な年中行事**
千手観世音菩薩法楽　毎月18日／弘法大師法楽　毎月21日／不動護摩供　毎月28日／初祈祷　1月1日／土砂加持法要　3月21日／毘沙門天祭礼　4月3日／大山智明大権現祭礼　4月24日／熊野大権現祭礼　9月9日／除夜の鐘　12月31日

● **周辺の見所**
尾道市立美術館、文学のこみち、尾道の町並み、しまなみ海道

● **周辺の温泉**　天然温泉尾道ふれあいの里

● **周辺の宿泊施設**
尾道市内に宿多数。新尾道駅観光案内所（☎0848-22-6900）

ロープウェイ乗場

本堂

宝山の山号もこの「玉の岩」伝説にちなみ、尾道の古名とされる「玉の浦」も沈んだ宝玉に由来するという。

松の木が木陰をつくる茶店から大師堂前をぬけると朱塗りの鐘楼。千光寺驚音楼の鐘は「日本の音風景100選」に選ばれており、300年も前から近隣に時を告げ、今も夕方6時になると鐘の音が町中に響き渡る。ここからは尾道大橋方面の眺望がよい。といっても、千光寺境内はどこも絶景スポットばかりだが。

境内のサクラは鐘楼横や観音堂前、毘沙門堂前が絵になる。大仙堂前には山陽花の寺開創法要でサラ（沙羅）の木が植樹されており、これから大きく育っていくことだろう。毘沙門堂裏手の斜面には藤棚やヒラドツツジの丸い刈り込みが列をなし華やかだ。

第二十一番

佛通寺

ぶっつうじ

広島県三原市

【モミジ】屋根付きの巨蟒橋と紅葉の趣ある取り合わせ

【サクラ】禅堂を彩るサクラ

【モミジ】多宝塔と紅葉

【サクラ】多宝塔とサクラ

【佛通寺遠望】
多宝塔の近くから佛殿、大方丈の屋根を望む

【含暉坂（がんきざか）】
開山堂や多宝塔へと続く石段は杉の巨木に守られている

県内屈指の紅葉の禅刹に凛とした空気がみなぎる

開山愚中禅師ゆかりの巨蟒橋

　渓流沿いの道をさかのぼると、しだいに深山幽谷の趣が深まっていく。塔頭寺院や茶店を過ぎてほどなく、凛とした禅寺特有の空気が漂うなか、イヌマキの大樹のかたわらに風情ある屋根付き橋が姿をあらわす。巨蟒橋と呼ばれ、「蟒」は「うわばみ」で大蛇を意味する。開山の愚中周及禅師がこの地を訪れたとき、川に棲む大蛇が橋となって禅師を渡したという故事にちなむ。不心得者が渡ろうとすると、どこからともなく大蛇があらわれて威嚇したというから、心して歩を進めよう。

巨蟒橋から望む佛通寺川の紅葉

　橋を渡り山門をくぐると、正面に佛殿、奥には大方丈が甍を並べる。佛殿は浅野重晟公により文化5年（1808）に再建されたもので、内部に釈迦三尊像をまつり法堂を兼ねる。左手には白壁の観音堂、右手には庫裏や禅堂が立ち並ぶ。ここは臨済宗佛通寺派の大本山で参禅道場を有する修行の場でもあり、「獅子窟」と称する禅堂では修行僧が坐禅を組み、一般の参禅会や企業研修なども行われている。

　佛通寺は応永4年（1397）、安芸国沼田荘地頭の小早川春平が愚中禅師（諡号は佛徳大通禅師）を開山に招き創建された。盛時は山内塔頭88か寺、末寺3000を数える大寺であったが、応仁の乱後、幾度かの戦乱にあって荒廃。小早川隆景の代に再興され、福島家による寺領没収等でまたも衰退した。その後も浮き沈みを繰り返したが、明治38年、臨済宗佛通寺派として天龍寺から独立、修行道場として寺観が整えられ今日にいたっている。

　この寺の紅葉は、秋になるとニュースで必ず取り上げられるほど、広島県内では名

開山堂周辺には釈尊十大弟子などの古い石仏が並ぶ

高い。見所は茶店のあたりから始まり、佛通寺川沿いがとりわけ美しい。巨蟒橋と紅葉の取り合わせも絵になるが、橋上から眺めるモミジも格別。山門から内側では、鐘楼や羅漢像のバックに連なる塀の白壁が紅葉を引き立てる。

含暉坂を上り開山堂へ

鐘楼の背後の山上に見える多宝塔に向かおう。「開山愚中禅師」の石碑から上る含暉坂（がんきざか）の石段は杉の巨木に守られ、山上には多宝塔のほか、開山堂、地蔵堂が立つ。

開山堂には開山大通禅師像と、禅師が中国で師事した佛通禅師像をまつる。地蔵堂は創建当時の建物で国指定重要文化財。周辺には釈迦三尊や十大弟子の古い石仏が並び、木の間越しに佛殿や大方丈の瓦屋根が望まれる。

御許山 佛通寺

広島県三原市高坂町許山22　☎ 0848-66-3502

- **宗派**　臨済宗佛通寺派大本山
- **御本尊**　釈迦牟尼仏
- **拝観**　8:00～17:00（冬期は16:00まで）　無料（紅葉期300円）
- **御朱印受付**　8:00～17:00（冬期は16:00まで）
- **HP**　http://www.buttsuji.or.jp/
- **交通**

電車／JR山陽本線三原駅または本郷駅からバスで佛通寺下車、徒歩約5分

車／山陽道三原久井ICから国道486号・県道50号経由、約15分

駐車場／90台　無料

- **参拝お役立ち情報**

塔頭の肯心院横にある茶店掬水には軽食もあり、紅葉シーズン以外でも利用できる。

- **花ごよみ**

サクラ4月上旬、モミジ新緑5月上旬～下旬、モミジ紅葉10月下旬～11月中旬

- **主な年中行事**

大般若修正会　1月3日／春季開山忌　4月15～16日／山門大施餓鬼　7月15日／夏期講座　7月第4土・日曜／少年少女坐禅林間学校　8月21～23日／秋季開山忌　9月24～25日

- **周辺の見所**　大番牡丹園、三景園
- **周辺の宿泊施設**

三原駅周辺に宿多数。三原観光協会（☎0848-63-1481）

茶店掬水

巨蟒橋と佛通寺川の紅葉

第二十二番

棲眞寺（せいしんじ）

広島県三原市

【ハス】
夏になると2か月近くのあいだ
咲き継ぐハスの花は午前中が見ごろ

【サクラ】
春の花の季節には小さな桃源郷のような趣となる

【アジサイ】
境内にはガクアジサイが目立つ

【ツバキ】
周辺には赤いヤブツバキも多く見られる

【蓮池】ピンクの花が1200m²の池を埋めつくす

【ハナモモ】
サクラと同時期に開花し色をそえる

大和町山中の隠れ寺は花の季節に桃源郷と化す

サクラやカイドウの色の競演

花の季節の棲眞寺は、まさに小さな桃源郷だ。人里離れた山中にぽっかりと開けた明るい境内に、本堂や庫裏のほか茅葺き屋根の写経堂が立ち、蓮池にはカエルの声が響く。誰もがなつかしく感じる隠れ里のような風景だ。

茅葺き屋根の写経堂

春のサクラの美しさは言うまでもないが、この寺で目を引くのはほぼ同時期に咲くハナモモやハナカイドウだ。淡紅色のサクラに混じると濃いピンクの花色が一層引き立てられる。山に自生するミツバツツジの赤紫色も加わり、境内に赤系統の点描が広がるさまは圧巻。

夏になると本堂前の蓮池では、2か月近くにわたってハスの花が咲き継ぐ。瑞々しい緑の葉群れの上に顔をのぞかせるハスの花は午前中が見ごろ。ハスは仏教を象徴する花として広く知られているが、実や葉のモチーフもよく取り入れられており、比叡山の回峰行者が頭にいただく笠も未開のハスの葉をかたどっている。

源頼朝の娘の菩提寺

棲眞寺の開創縁起は以下のようなもの。源頼朝に仕えた土肥実平（さねひら）の子・遠平（とおひら）は、小早川氏の発祥となり、安芸国沼田荘の地頭職を拝領し頼朝の娘をめとった。夫人は若くして世を去り、3回忌にあたる承久元年（1219）、土肥実平が追善供養のため七堂伽藍を建立、千手観世音菩薩をまつったのが棲眞寺の始まりである。その後、小早川遠平が子院など諸堂の整備を進め、弘安2年（1279）には、後に東福寺第4世となる白雲慧暁（仏照禅師）が住持となり、寺運はますます隆盛した。

寛文2年（1662）、近江国から来た仲芳禅師が荒廃していた寺を再興、『應海山棲眞禅寺記』を編んで寺の沿革を明らか

おうかがい地蔵

応海山 棲眞寺

にした。その後も火災や明治の廃仏毀釈で興亡を繰り返し、無住となっていた荒れ寺を、先代・西亮天住職が地元の方の協力を得て整備再建し、境内に多くの花を植え「花の寺」として知られるようになった。近年は近くにオートキャンプ場もできて道路も整備されているが、かつては文字通り山中の隠れ寺であった。山道を下り、町に買い物に行くのもひと苦労であったという。

観音堂にまつられる本尊千手千眼大悲観世音菩薩は秘仏で年に2回の御開帳、眷属二十八部衆は十三体が現存し宝蔵庫に安置されている。特に十三体は鎌倉期の特徴を有し慶派の流れをくむ仏師の作と伝えられている。

4月上旬の棲眞寺祭り（観音講）はサクラ、カイドウの美しい時期でもあり、本尊の御開帳もされるのでおすすめだ。

広島県三原市大和町平坂2033　☎0847-34-1605

- **宗派**　臨済宗妙心寺派
- **御本尊**　千手千眼大悲観世音菩薩
- **拝観**　境内自由　宝蔵庫200円
- **御朱印受付**　終日
- **HP**　なし
- **交通**
  電車／JR山陽本線河内駅からタクシーで約30分
  車／山陽道三原久井ICまたは本郷ICから約30分
  駐車場／100台以上　無料
- **参拝お役立ち情報**
  4月に催される棲眞寺祭りは花見のベストシーズンで本尊の御開帳もある。ハスの花を見るなら夏の午前中に。
- **花ごよみ**
  ツバキ3月上旬～下旬、サンシュユの木3月中旬～下旬、アセビ3月中旬～4月中旬、サクラ4月上旬、モモ4月上旬～中旬、カイドウ4月中旬、サツキ5月上旬～下旬、アジサイ6月上旬～下旬、ハス7月上旬～8月中旬、モミジ紅葉11月上旬～下旬、サザンカ11月上旬～3月下旬
- **主な年中行事**
  棲眞寺祭り（観音講）　4月上旬／開山忌　11月25日（実施日は変更あり）
- **周辺の見所**　白竜湖、瀑雪の滝
- **周辺の宿泊施設**　白竜湖リゾート（☎0847-34-0006）

本堂

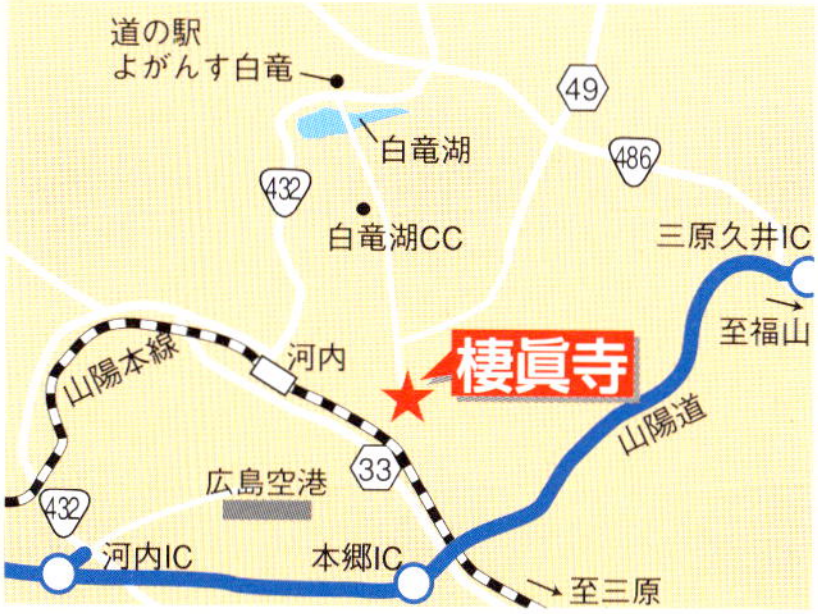

第二十三番

福寿院（ふくじゅいん）

広島県東広島市

【ユリ】赤、白、黄色、オレンジ、ピンクとさまざまな花色が楽しめる

【アイリスと石庭】 5～6月に花開く

【シャクヤク】 境内各所で見られる

【デルフィニウム】

【カキツバタ】

【グラジオラス】
簡素な石庭と対照的な優美な花

酒都西条の酒蔵の白壁にかこまれた石庭の寺

龍安寺風石庭と花壇が好対照

灘・伏見とともに日本三大銘醸地に数えられる酒都西条。白壁の酒蔵が連なり、赤レンガの煙突が青空にそびえ、昔ながらの町並みが残されている。駅周辺には、賀茂輝・山陽鶴・白牡丹・西条鶴・賀茂鶴・亀齢・福美人・賀茂泉の8社の蔵元があり、それぞれの美酒を競っている。

境内からも酒蔵の白壁や赤レンガの煙突が見える

福寿院へはJR西条駅から東へ歩いて5分ほど。白壁にはさまれた石畳の路地を奥に入れば、山門前に「福寿院円通寺」と刻まれた石碑が立つ。門をくぐれば、酒蔵に隣接するこぢんまりとしたスペースに、石庭や花壇、本堂や庫裏が並ぶ。

京都の龍安寺を模した石庭は、七五三形式の15の石組で、龍安寺とほぼ同じ面積で造られている。住職ご夫妻が1年がかりで築かれたというから驚く。石庭だけでなく、石畳や花壇など境内の整備の多くはご夫妻の手によるものだ。石庭の周囲には山陽花の寺のシンボルフラワーである沙羅の木がずらりと植栽されており、成長すれば庭の風景を一変させることであろう。

亀齢酒造の赤レンガの煙突と白壁の前に造成された花壇には、ユリ、グラジオラス、デルフィニウムなどの色あざやかな花が植えられている。なかでもユリは種類が多く、赤、白、黄色、オレンジ、ピンクなどさまざまな花色が目を楽しませてくれる。

寺で花を植えるようになったのは、先代のお庫裏さんが花が好きで、仏前に供える切り花を育てはじめたのがきっかけという。今では住職ご夫妻が熱心に花栽培に取り組み、温室で開花の時期をずらして長く花が見られるよう努力されている。

酒蔵が軒を連ねる西条の町並み

善応山 福寿院

広島県東広島市西条本町5-37　☎082-423-8088

宗派　臨済宗妙心寺派

御本尊　十一面観世音菩薩

拝観　9:00〜17:00　無料

御朱印受付　9:00〜17:00

HP　なし

交通

電車／JR山陽本線西条駅から徒歩約5分

車／山陽道西条ICから国道375号経由、約10分

駐車場／5台　無料

参拝お役立ち情報

西条駅から近いので電車での参拝もおすすめ。酒蔵での日本酒の試飲も心おきなくできる。

花ごよみ

デルフィニウム5月上旬〜6月下旬、ユリ5月上旬〜8月下旬、シャクヤク5月上旬〜8月下旬、カキツバタ6月上旬〜7月下旬、グラジオラス7月上旬〜9月下旬

主な年中行事

施餓鬼供養　8月10日

周辺の見所

西条の町並みと酒蔵

周辺の宿泊施設

東横イン東広島西条駅前

（☎082-422-1045）

山門

釈迦涅槃図

参拝の帰りには酒蔵見学を

寺の始まりは聖徳太子の古道場であったと伝わるが、廃寺となって久しく、永正年間（１５０４〜１５２１）に江雲により開創。その後衰退し、万治年間（１６５８〜１６６１）に広島興禅寺の雲嶺により再興され、宝永3年（１７０６）には実田により伽藍が整備された。

本堂の建造は宝永3年頃で、堂内にかかる釈迦涅槃図もその頃のもの。中央にまつられている本尊は十一面観世音菩薩で江戸中期の作。左の厨子のなかにまつられる延命地蔵は秘仏で91年に一度の御開帳。次に拝めるのは西暦２０８０年となる。

参拝の帰りには山陽道の宿場町の風情が残る町並みを散策しながら、いくつかの酒蔵をまわってお気に入りの酒をお土産に。

第二十四番

観音寺

かんのんじ

広島県広島市

【アジサイ】
花の季節には「あじさい祭り」も開かれる

【アジサイ】

アジサイの種類は約350種で、色も形もさまざまな花が見られる

五ツ星

ホワイトダイヤモンド

メリットシュープリム

カステリン

マリンブルー

クリステル

ラベンダー

城ヶ崎

紅ガクアジサイ

【ドウダンツツジの紅葉】
約1千株のドウダンツツジが秋を彩る

【ツワブキ】
本堂東側の山の斜面を染める

【陽光桜】
あざやかなピンクの花。
本堂前や日本庭園などにある

【沙羅】
境内に80本。本堂前などに植栽

花の種類が多く季節の花が絶えない花巡礼結願の寺

元宇品観音寺と広島椿

山陽花の寺花巡礼の最後を飾るのは、「広島椿」で知られる元宇品観音寺の別院で、広島市植物公園の西方に位置する佐伯区の観音寺。観音寺のご住職は一年中花の絶えない寺をつくりたいと発願され、十数年前から別院に数多くの花木を植栽されてきた。陽光桜や八重桜を中心として、80種のサクラが咲き誇り、数百株のミツバツツジとの競演は見事である。そのほか、ヤマアジサイ、セイヨウアジサイを含む350種4000株のアジサイをはじめ、1000株のドウダンツツジの紅葉、ツバキ600種、シャクナゲ40種など、四季折々に多彩な花が楽しめる。

元宇品観音寺は元和4年(1618)、浅野長晟が紀州から入封した際に同道した桂雲禅師が中興開山。長晟の妻の振姫(ふりひめ)は徳川家康の三女で、輿入れの後、出産してすぐにこの世を去る。長晟は、振姫が丹精こめて育てていたツバキの木を紀州から広島に持ちこんで植え、その後挿し木などで増やされたが、原爆により多くが失われ、残されたものは観音寺のものだけとなった。一本の木から白地に紅絞り、紅一色、白一色など数種類の花が咲き、「広島椿」と呼ばれ親しまれている。

本尊の十一面観音菩薩像は坂上田村麻呂の守り本尊と伝わる1寸8分の小像で秘仏。源平の戦いで源範頼が平家追討のため宇品島沖を通ったおり、奉持していたこの仏像を失い、後年網にかかって引き揚げられ当地に安置されることになったという。小栗観音とも称され、水難や厄除け、難産等に霊験あらたかと信仰を集めている。

毛利元就の三男で毛利水軍を率いた小早川隆景は、厳島参詣の折には宇品に寄り、当山に登ってこの観音像を礼拝するの

自生のミツバツツジが山肌を彩る

「広島椿」で知られる本院にちなみツバキの種類も多い

が常であったという。元就の孫の輝元をはじめ、福島氏、浅野氏と時代は移っても、藩主の帰依を受け隆盛したと伝わる。

別院にまつられる十一面観音菩薩は、原爆犠牲者の慰霊鎮魂のため、奈良市法蓮町の大仏師・石賀悟山氏により造立されたもの。光背を含めると約2mの立像で、平成13年に寄贈されている。

観音寺別院のあじさい祭り

観音寺別院で広く知られている花はアジサイだ。梅雨時分の「あじさい祭り」には屋台も出て、抹茶のお接待もあり参拝者でにぎわう。ツバキの種類も多く、広島椿も挿し木や実生で育てられている。

なお、四国八十八ヶ所のご本尊を模した八十八体の石仏（大正時代建立）もまつられている。

補陀落山 観音寺

広島県佐伯区坪井町736　☎ 082-924-1340

- **宗派**　臨済宗妙心寺派
- **御本尊**　十一面観世音菩薩
- **拝観**　8:30～17:00　無料
- **御朱印受付**　8:30～17:00
- **HP**　http://kannon-temple.com/
- **交通**

電車／JR山陽本線五日市駅・広島電鉄広電五日市駅から東観音台行きバスで観音台入口下車、徒歩約5分

車／山陽道五日市ICから約30分、廿日市ICから約25分

駐車場／100台　無料

- **参拝お役立ち情報**

城山南交差点以降、少々道がわかりにくいので、「ナカムラ病院」の案内板を目印に。観音寺は病院のすぐ先。

- **花ごよみ**

ツバキ1月上旬～3月下旬、ウメ2月上旬～下旬、サクラ3月下旬～4月中旬、ミツバツツジ・ドウダンツツジ4月上旬～中旬、サツキ4月下旬～5月上旬、シャクナゲ4月下旬～5月中旬、ヤマアジサイ5月下旬～6月上旬、沙羅6月上旬～下旬、アジサイ6月上旬～7月上旬、キキョウ7月上旬～下旬、ムクゲ7月上旬～8月上旬、スイフヨウ8月上旬～9月中旬、セイヨウフヨウ8月上旬～10月下旬、ハギ8月下旬～9月下旬、ドウダンツツジ紅葉11月上旬～下旬、モミジ紅葉・ツワブキ11月上旬～下旬、サザンカ12月上旬～下旬

- **主な年中行事**

坐禅会　毎月第2土曜／修正会　1月1日／あじさい祭り　6月第3日曜～7月第1日曜／施餓鬼会　8月12日／献奏月見茶会　中秋の名月（十五夜）

- **周辺の見所**

広島市植物公園、造幣局広島支局（4月中旬～下旬、花のまわりみち）、コイン通り商店街

- **周辺の温泉**　極楽寺山温泉、湯来温泉、湯の山温泉
- **周辺の宿泊施設**

極楽寺山温泉アルカディア・ビレッジ（☎0829-38-2221）

花巡礼の心得と作法

山陽花の寺霊場会　事務局長
吉田　正裕
（第一番札所　大聖院）

参拝の心得

お寺にお参りすることを堅苦しく考える必要はありません。お気軽にご参拝ください。ただ、信仰の場であることを心にとめていただき、本堂などでは掌を合わせ、仏さまにごあいさつをお忘れなきようお願いします。

境内の花を持ち帰ったり、写真撮影で他の参拝者に迷惑をかけたり、こうした行為は寺院でなくとも許されないことです。これから巡礼を始めようという人にそのような方がいるとは思えませんが、せめてお寺という浄域内では、仏さまにも、人にも、花や植物に対しても、敬意をもって接するよう心がけてください。

参拝の作法

宗派によりお参りの仕方はさまざまですが、ここでは基本的な参拝の作法を記しておきます。

◎寺院の境内に入る前に、山門などで合掌一礼する。
◎手水場があれば、手を洗い、身を清める。
◎本堂で礼拝。お賽銭、線香、灯明などをお供えし、鐘や鈴などを鳴らし、合掌礼拝。読経する場合は心静かにお唱えする。
◎他のお堂があれば同様に礼拝。
◎御朱印受付（納経所）で御朱印をいただき、散華を受け取る。
◎境内を出て、山門などで振り返り合掌一礼。

山陽花の寺の巡り方

境内を見てまわったり花をゆっくり観賞したりするのは、本堂での礼拝が済んでからのほうがよいでしょう。お寺への参道が花の名所になっているような場合は、花を愛でたあとにご参拝いただいてもかまいません。

花の寺巡礼は、どのような順序で始めてもかまいません。花を楽しむなら、開花の時期に合わせて巡るのがいちばんです。4月はサクラの美しい札所、梅雨時ならアジサイ寺、秋には紅葉の仏閣と、花を中心に置いて巡るお寺を決めるのもひとつの方法です。

まとまった時間が取れる場合は、札所番号順にまわってみるのもおすすめです。身近なお寺から始めることもできますし、「巡礼」というものの醍醐味が最も深く味わえることでしょう。その場合は、すべてのお寺で満開の花を見ることはできないでしょう。

しかし、花は咲いているときだけが美しいわけではありません。

「花をのみ　待つらむ人に山里の　雪間の草の春を見せばや」という藤原家隆の歌があります。千利休も重んじたというこの歌は、開花へと向かう勢いや、あらわなものの背後に脈々と息づいている命に目を向ける、日本的美意識の神髄と言えますが、山川草木悉くに仏性を見いだす仏の教えに通ずるものでもあります。

芽吹きにも、つぼみにも、散り花にも、枯れ葉や落ち葉にも、美しさを見いだすことはできます。季節はずれの花の寺にも、そのときどきの趣があります。

巡拝日程の目安

札所間の車での移動時間は、だいたい以下のとおりです（一部高速道を使用、車以外の移動手段は、個別に明示しています）。日帰りや1泊2日コースなど、3県24か寺をお参りする際の巡拝計画の参考にしてください。

第一番 大聖院（広島）← 30分＋10分（船）＋20分（徒歩）
第二番 二井寺（山口）← 30分
第三番 般若寺（山口）← 60分
第四番 漢陽寺（山口）← 60分
第五番 龍蔵寺（山口）← 40分
第六番 地蔵院（山口）← 40分
第七番 宗隣寺（山口）← 40分
第八番 東行庵（山口）

第九番 功山寺（山口）← 3.5時間
第十番 木山寺（岡山）← 40分
第十一番 玉泉寺（岡山）← 50分
第十二番 誕生寺（岡山）← 60分
第十三番 大聖寺（岡山）← 60分
第十四番 西法院（岡山）← 30分
第十五番 遍明院（岡山）← 20分
第十六番 餘慶寺（岡山）

第十七番 円通寺（岡山）← 60分
第十八番 明王院（広島）← 40分
第十九番 西國寺（広島）← 20分
第二十番 千光寺（広島）← 50分
第二十一番 佛通寺（広島）← 30分
第二十二番 棲眞寺（広島）← 20分
第二十三番 福寿院（広島）← 50分
第二十四番 観音寺（広島）（第一番 大聖院まで50分）

（第八番 東行庵 → 30分 → 第九番 功山寺）
（第十六番 餘慶寺 → 60分 → 第十七番 円通寺）

御朱印と散華の授与

散華

山陽花の寺二十四か寺では、花巡礼の参拝者に御朱印と散華をお授けしています。御朱印はあとで綴じこめるようになっており、寺院ごとに1枚のシート（二つ折り）になっています。表紙（1000円）は打ち始めのお寺で購入し、御朱印（300円）は各札所でお受けいただくことになります。山陽花の寺の象徴花である沙羅の花弁をかたどった散華は、御朱印を受けられた方に差し上げています。散華だけをご希望の方には、100円でお授けしています。満願記念の散華も用意しており、また満願した方には第二十四番札所・観音寺にて、住職であり山陽花の寺霊場会会長の禅語の色紙を差し上げます。

満願記念の散華

御朱印帳

御朱印

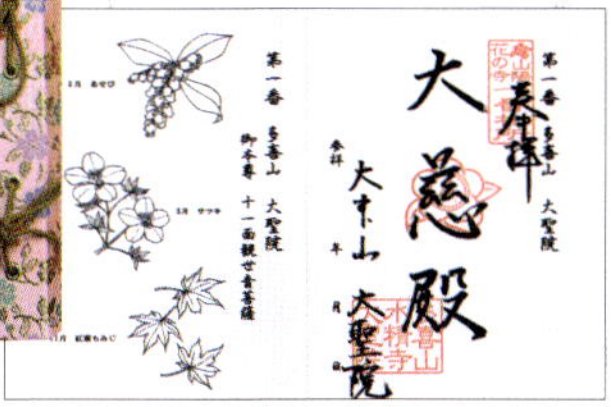

満願記念の禅語の色紙

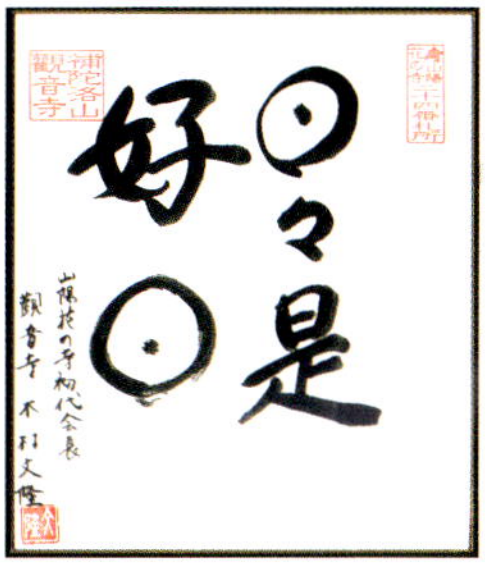

納経所（御朱印受付）が設置されている寺院では、受付時間内であれば人が常駐していますので、姿の見えないときは呼び鈴を押せば応対してもらえます。ただし、札所のなかには、法事などの関係で不在となり、応対する人がいなくなるところもいくつかあります。その場合は、御朱印料（300円）を納め、御朱印のシートと散華をお持ち帰りいただけるよう用意してあります。

御朱印をいただけないようなことがあった場合には、広島県は第一番札所・大聖院、山口県は第五番札所・龍蔵寺、岡山県は第十六番札所・餘慶寺に用意していますので、そのお寺でお受け取りください。

【花法要】

2010年4月8日の山陽花の寺霊場開創に先立ち、4月4日の日曜日、尾道の千光寺において「開創花法要」が開催されました。24か寺の住職が一堂に会し、千光寺本堂では参拝者に散華がまかれ、観光客もまじって大勢の人でにぎわいました。

当霊場会では、今後も1年に一度、山陽3県の持ち回りで花法要を開催します。会場となる寺院の花の季節、あるいは紅葉の季節に営まれる法要が、参拝者にとって、花の寺巡礼を始める機縁となることを願っております。

また、広島は「癒（いやし）の花法要」、山口は「芳（かぐわし）の花法要」、岡山は「美（うるわし）の花法要」をテーマに、ユニークな催しを考えております。開催日程などは事務局にお問い合わせいただくか、霊場会ホームページを参照していただき、お誘い合わせのうえご参拝ください。

千光寺で花法要が営まれた

24か寺の住職が揃っての法要

花巡礼 お得な便利帳

お土産・グルメ

宮島の土産・食事が勢揃い

鳥居屋

宮島の土産が豊富に揃い、500人収容可能な食事処や休憩所などを備えた観光センター。店内では宮島銘菓「もみじ饅頭」の製造工程が見学でき、試食もできるのがうれしい。食事は料理長が素材選びからこだわった、瀬戸内宮島の海の幸を堪能できる。中でもおすすめがあなご陶板1500円で観光客にも人気。

宮島の表参道にある大きな看板が目印

☎ 0829・44・2200
所 広島県廿日市市宮島町492
営 8:30〜17:00　休 なし　P なし

宮島の美味しさを堪能

料亭 山一別館

宮島桟橋から歩いてすぐのところに位置する宮島唯一の料亭。近海で獲れた海の幸を中心に、四季折々、宮島ならではの料理が楽しめる。おすすめはあなご丼（2310円）。ふっくらしたアナゴに特製のタレがよくあう逸品だ。そのほかにも、定食や会席も多数揃う。宿泊も可能（1泊2食付1万1550円〜）。

観光客も大満足のあなご丼

☎ 0829・44・0700
所 広島県廿日市市宮島町1162-3
営 11:00〜21:00　休 なし　P 10台

78年続く「もみじ饅頭」の老舗

やまだ屋

昭和7年に宮島で創業。土産や贈答用の菓子を製造販売する老舗。同社を代表するもみじ饅頭は伝統的な小豆のこし餡のほか、クリーム、抹茶など13種類を用意。広島県内15の直営売店、首都圏のデパートや量販店で購入することができる。最近では、竹炭を使った「黒もみじ」（1個100円）など新商品にも注目。

もみじ饅頭（各種80円〜）

☎ 0829・44・0511
所 広島県廿日市市宮島町835-1
営 8:00〜20:30　休 なし　P なし

佛通寺内の喫茶・雑貨店

雪舟亭 掬水（きくすい）

紅葉の名所としても知られ、貴重な文化財も多く保存される佛通寺境内にあり、コーヒー・抹茶などの喫茶メニューだけでなく、季節限定の軽食を味わうことができる。また、手作りの陶器や木製品・古布などの和風小物の販売も行う。自然豊かな佛通寺の中で、ゆっくりと流れる時を楽しむことができる。

温かい雰囲気が漂う外観

☎ 0848・66・5221
所 広島県三原市高坂町許山54（佛通寺内）
営 10:00〜16:00
休 木曜日
P あり

創業以来愛される山口銘菓

豆子郎

山口銘菓「山口外郎」をもとに、創業者・田原美介が試行錯誤の末完成させた「豆子郎」。わらび粉とさらし餡を用いた独自の生地に大納言小豆を配合し、独特のもっちりした食感が楽しめる。日持ちするように密封された「豆子郎」と、創業当時を再現した、蒸したてのおいしさが味わえる「生絹豆子郎」がある。

生絹豆子郎（すずしとうしろう）

☎ 083・925・2882　休 なし
所 山口県山口市大内御堀33　P 20台
営 7:00〜19:00　※店舗データは本店

シソの風味が効いた名物

食事とお土産 清風亭

東行庵の前にある土産物屋で、地元の特産品から健康食品、軽食まで揃う。特に人気なのが、あん焼き餅を梅酒で漬けたシソで包んだ、やわらかく風味のよい「晋作もち」。梅をこよなく愛したと言われている幕末の志士、高杉晋作にちなんで作られたものだ。夏は冷蔵庫で冷やして食べても美味しい。

晋作もち1個95円（箱入り10個950円）

☎ 0832・84・0884
所 山口県下関市吉田町下市1179-1 東行庵前
営 9:00〜17:00　休 不定休　P 50台

ふくと山口土産が豊富に揃う

下関 お土産・レストラン ふくの関

"ふく"がテーマの山口県観光物産店。卸から製造・販売を一貫しておこなっているので、とらふくの刺身やふくの加工品は豊富な品揃え。持ち帰りや宅配便には保冷袋・保冷箱・蓄冷剤を用意してくれるので、お土産として購入しても安心。そのほか、ふくのお菓子やグッズなどの関連商品や山口土産も揃う。

喫茶やお食事処がありレンタサイクルも可能

☎ 083・246・1120（長府観光会館店）
所 山口県下関市長府侍町2-1-15
営 9:00〜18:00
休 なし　P あり（乗用車20台・大型バス10台）

歴史ある寺で心のこもった食事

誕生寺

浄土宗の開祖法然上人誕生の地。源氏の元武者熊谷直実が草庵を建ててから約850年余りの歴史を誇り、県の重要文化財も多数所有。参拝客に人気の食事（昼のみ・予約制・10人以上・全5種類、840〜4200円）は、数々の雑誌で紹介されている津山市の老舗「武田待喜堂」が四季折々の美味しさを提供している。

食事に使われる粳米は
武田店主自ら栽培

☎ 0867・28・2102
所 岡山県久米郡久米南町里方808
営 9:00〜16:00　休 なし　P 80台

数々の賞を受賞した本物の癒し

ホテル 鴎風亭

3方を海に囲まれ、穏やかな鞆の浦を堪能できる和風リゾート旅館。「プロが選ぶ日本のホテル・旅館100選」に9年連続入賞など、数々の賞を受賞している。宿泊は1泊2食付2万1000円から用意（料金は税込・平日の場合）。食事は鞆の浦で獲れた魚介を中心に楽しめ、海上15mの露天風呂からは絶景が望める。

海上15mにある露天風呂「いりふね」（女湯）

☎ 084・982・1123
所 広島県福山市鞆町鞆136
営 IN15:00～OUT10:00
休 なし
P 40台

臨海の本格的総合ホテル

三原国際ホテル

三原駅から徒歩3分の好立地。ビジネス、観光の拠点としての宿泊の利用だけでなく、宴会場や会議場にも最適。瀬戸内料理やフランス料理のレストランがあるほか、チャペルを使ったウェディングプランも人気。宿泊は、シングル1人6300円から用意（料金は税別）。別途朝食、夕食など食事の選択が可能。

和・洋バラエティーに富んだレストラン

☎ 0848・63・2111
所 広島県三原市城町1丁目2-1
営 IN15:00～OUT11:00
休 なし
P あり

世界遺産・宮島と歴史を育む宿

宮島グランドホテル 有もと

江戸初期に「大根屋」と称して創業された歴史深い宿で、世界遺産厳島神社の裏手に位置。特別室は伝統的な日本の建築様式、数寄屋造りを用いており、趣のある日本の美を楽しむことができる。宿泊は1泊2食付1万6800円から用意（料金は税込）。食事は瀬戸内海で獲れた新鮮な魚介を堪能することができる。

数寄屋造りの客室の一例（貴賓室）

☎ 0829・44・2411
所 広島県廿日市市宮島町南町364
営 IN15:00～OUT10:00
休 なし　P なし

宮島観光に好立地の宿

宮島ホテル まこと

宮島桟橋から徒歩5分、厳島神社まで徒歩10分という観光に最適な場所に位置。豊かな自然に囲まれ、野生の鹿や小鳥のさえずりに癒されて、ひと時を過ごすことができる。宿泊は、素泊まり1人6300円～、1泊2食付1人10500円～を用意（料金は税込・平日の場合）。全ての部屋に12畳半の和室を配している。

自然に囲まれた高台に位置する趣あるホテル

☎ 0829・44・0070
所 広島県廿日市市宮島町755
営 IN15:00～OUT10:00
休 なし
P 10台

平成23年3月5日にリニューアルオープン

国際ホテル宇部

宇部新川駅より徒歩5分の好立地に位置し、ビジネスや観光の拠点として最適。客室全面改装により、広々とした魅力的な空間に。全室インターネットが無料で使用できる。和・洋・中のレストランも評判でランチタイムは宿泊者以外の客も足を運ぶほど。宿泊は1人1泊2食付1万1550円から用意（料金は税込）。

宇部の中心部に位置する本格総合ホテル

☎ 0836・32・2323 所 山口県宇部市島1-7-1
営 IN15:00～OUT11:00 休 なし P 60台（無料）

名物女将劇場と7種の湯を堪能

西の雅 常盤

数々のメディアに取り上げられている「名物女将劇場」は毎日無料で開演。山陽随一といわれる湯田温泉を、本館と隣接する「湯のまち倶楽部」と合わせて7種類のお風呂で楽しむことができる。開放感あふれる露天風呂から岩盤浴まで揃う。宿泊は、1人1泊2食付9800円から用意（料金は税別）。

森の露天風呂「木もれび」

☎ 083・922・0091 休 なし
所 山口県湯田温泉4丁目6-4 P 80台
営 IN15:00～OUT10:00

気軽にくつろげる日帰り温泉

晋作の湯

幕末に活躍した高杉晋作ゆかりの地、東行庵のすぐそばで2008年に開湯した日帰り温泉施設（大人500円、子ども300円）。内風呂と露天風呂があり、2階には持ち込み自由、無料でくつろげる畳敷きの休憩室がある。シンプルな施設だが、静かで穏やかな空気が心地よい。石けん・シャンプー・リンスは無料。

石の看板と外観に大きく書かれた店名が目印

☎ 083・284・0268
所 山口県下関市吉田清水1202-3 休 不定休
営 8:00～21:00（最終入館は20:30） P 30台

絶景のリゾート宿泊施設

ホテルリマーニ

歴史と文化が息づく牛窓に建つ、本格リゾートホテル。宿泊は2名1室、1泊2食付で1人1万6800円～用意（料金は税サ込）。全室海側のバルコニー付きで、瀬戸内の絶景を臨みながらくつろぐことができる。瀬戸内で獲れた新鮮な海の幸を中心に、多彩なメニューを堪能できる食事も同ホテルでの楽しみの一つ。

屋外プール（夏期のみ営業）もある

☎ 0869・34・5500
所 岡山県瀬戸内市牛窓町牛窓3900
営 IN15:00～OUT11:00 休 なし P 60台

季節の花ともてなしに癒される

湯郷温泉 季譜の里

館内は全て畳敷きなので素足で歩け、いたる所に四季折々の花々が活けられており、非日常の空間に癒される。見た目には上品な大人の宿だが、小さな子ども連れ、妊婦さんも大歓迎。また、食事にも定評があり、瀬戸内海・日本海・里山と三拍子そろった旬の食材を、料理人がこだわり抜いた調理法で楽しむことができる。スタッフの心がこもったもてなしも気持ちがよい。宿泊は、1人1泊2食付1万5950円から用意（料金は税込）。

目を引く山吹色の建物。
手入れされた庭が美しい

館内を彩る
四季折々の生花

☎ 0868・72・1523
所 岡山県美作市湯郷180
営 IN15:00～OUT11:00
休 なし　P 30台

好立地で広めの客室が人気

真庭シティホテルサンライズ

真庭市の中心に位置し、ビジネスや観光の拠点として様々なニーズと幅広い層に対応。大きめの客室（全室洋室、シングル1人5800円～、料金は税込）はゆったりと過ごせると好評で、安らぎの空間を提供してくれる。全室ブロードバンド（有線）対応で、1階のロビーにはインターネット閲覧コーナーもある。

久世・落合ICから車で約10分の場所に位置

☎ 0867・42・2121
所 岡山県真庭市惣258-6　休 なし
営 IN15:00～OUT10:00　P 54台（無料）
HP http://www.maniwa-sunrise.com

湯原の源泉100％の宿

湯の蔵つるや

全国露天風呂番付・西の横綱に選ばれた湯原温泉が楽しめる宿。露天風呂や檜風呂、陶器風呂など様々な浴槽でくつろげる。そのほか、日本海の魚介や地元の野菜を使った料理、女性にはうれしい、100種類から選べる浴衣など、心のこもったもてなしが好評。宿泊は、朝食付プラン7350円から用意（料金は税込）。

露天風呂付特別室の檜露天風呂とテラス

☎ 0867・62・2016　休 なし
所 岡山県真庭市湯原温泉144　P あり
営 IN16:00～OUT11:00

美しい自然と文化に囲まれた宿

国民宿舎　良寛荘

良寛禅師が若き日々修業を積んだ円通寺が建つ円通寺公園内に位置し、四季折々の木々や晴れた日には多島美の絶景が楽しめる宿。宿泊は、大人1泊2食付7350円から用意（料金は税込）。瀬戸内海で獲れた新鮮な海の幸や地元の食材を使った料理が楽しめる。日帰り入浴（11～15時、500円）も可能。

大浴場はガラス張りの開放的雰囲気

☎ 086･522･5291
所 岡山県倉敷市玉島柏島478
営 IN15:00～OUT10:00
休 なし
P 30台

交通

宮島までの10分間の船旅

宮島松大汽船

世界遺産・日本三景「安芸の宮島」と対岸の宮島口を結ぶ航路を運航。ゆったりした座席や大型プラズマテレビでの宮島の歴史上映などで快適な時間を過ごすことができる。また、駐車場や駅からも近く、大人数でも安心。10～15分間隔で運航し、往復運賃は大人340円（片道170円）、子ども160円（片道80円）。

定員800人の「宮島」。乗船時間は約10分間

☎ 0829･44･2171
所 広島県廿日市市宮島町853
休 なし　P あり（有料）

世界遺産・弥山への直行便

宮島ロープウエー

標高約535m、世界遺産に指定された宮島の主峰「弥山」への直行便を運行。紅葉谷から榧谷を走る紅葉谷線は循環式、榧谷から獅子岩を走る獅子岩線は交走式という、日本では珍しい2種類の方式を用途に合わせて走行している。往復運賃は大人1800円（片道1000円）、子ども900円（片道500円）。

美しい眺望が楽しめる獅子岩線

☎ 0829･44･0316
所 広島県廿日市市宮島町紅葉谷公園
営 12･1･2月／9:00～16:30　3～10月／9:00～17:00
11月／8:00～17:00
休 悪天候時、年2回の定期整備期間　P なし

巡拝用品・仏壇・仏具など

西日本最大級の規模と品揃え

三村松

慶応元年（1865）に創業。仏壇、仏具、寺院用荘厳具、稚児衣装、香、線香、記念品を扱う。店舗は堀川町（本社）、立町本通り、寺町、楽々園、八木、呉、西条、神辺、岩国、熊野に構え、自社工場を広島、鹿児島、宮崎に持ち製造、修理、修復も手掛ける（伝統的工芸品仏壇製造元）。仏事に関する相談にも対応してくれる。

堀川町本社（ぶつだん通り）

☎ 082･243･5321
所 広島県広島市中区堀川町2-16
営 9:00～18:00　休 なし　P あり
HP http://www.mimuramatsu.co.jp/

授与され使って喜ばれる品を

篠原物産

お守りやお札などの寺院授与品の奉製品を扱う。取扱品目は、玄関・仏壇・トイレなどに貼りやすい粘着シートが付いた、ワンタッチ式貼符別注札（種類はうす様・三宝荒神・水天・鬼門除など。実用新案登録済）や御供え物品のいちょう茶、黒豆茶、寺院様特注仕立てのお念珠などが揃う。

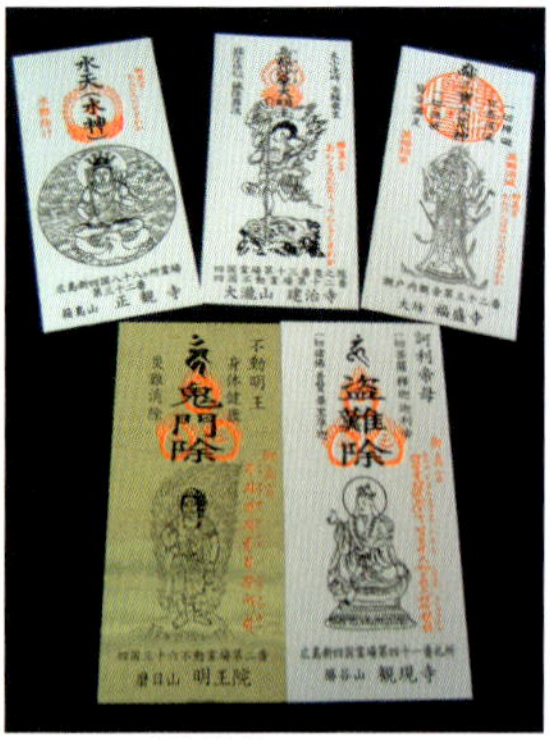

ワンタッチ式貼符札

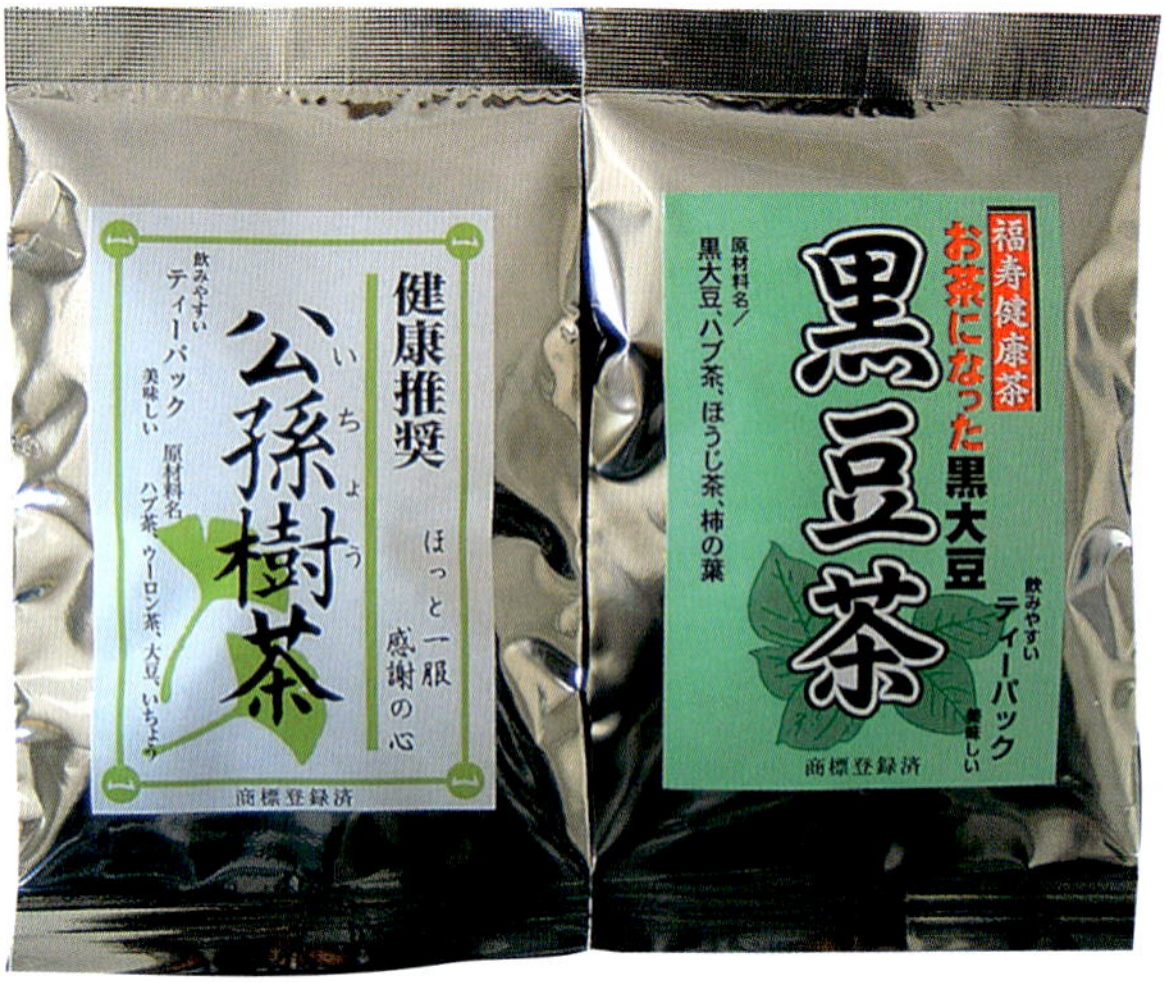

御供え物品のいちょう茶、黒豆茶

☎ 0829・56・0024
所 広島県廿日市市大野2063-8
✉ shinohara2@ononet.jp

きめ細やかな対応が定評

ぶつだんの小林

仏壇・仏具・神具の販売はもちろん、百数十年の実績を活かし、修理・見積もり等あらゆる「祈り」の場面に対応。山口県内に3店舗を構え、県内最大級の展示スペースを持つ。また、ネットショッピングも開設するなど、あらゆるニーズに対応。仏壇のオーダーメイドも可能で、材料選びから吟味できる。

豊富な品揃えの柳井店

☎ 0820・22・1345
所 山口県柳井市北浜5-5
営 9:00〜19:00
休 不定休
P 50台
※店舗データは柳井店

充実の店舗数と確かな提案

株式会社 佛光堂

山口県内に10店舗、広島県にも1店舗を構え、各宗派の仏壇・墓石・仏具・巡拝用品などを取り扱う。自社直営工場を持っており製造直売で良い商品をよりお買い得に提供。世界に1つの「オリジナル仏壇」「オリジナル墓石」をCADにて提案・提供することも行い、専門スタッフが丁寧に対応してくれる。

本店第2営業部ぶつだん展示場

☎ 0835・23・7755
所 山口県防府市栄町2-2-47
営 9:00〜19:00
休 なし P 10台